KB233493

아름다운 결혼을 위한 준비

아름다운 결혼을 위한 준비

김효영 지음

머리말

　오늘날 우리 사회는 결혼에 심각한 위기가 발생하고 있다. 수천여 명의 회원을 가진 '크리스찬 커플플래너'[1]의 통계에 의하면 결혼 후 채 1년도 안 된 상태에서 이혼하는 커플들이 상당했다. 분명 그들은 알콩달콩 잘 살 수 있었음에도 불구하고 이혼을 했다. 결혼에 관한 관심은 많았지만 결혼을 위한 결혼 예비(준비)교육이 없었다.

　이러한 문제들을 효과적으로 해결(예방)할 수 있는 방법은 결혼 예비(준비)교육이다. 게리 콜린스(G. R. Collins)는 결혼 예비교육의 목적에 대해 다음과 같이 말하고 있다. "예비부부들로 하여금 행복하고 보람 있는, 성공적인 결혼을 준비할 수 있도록 돕고자 노력하는 것"이라 규정했다.[2] 김광률의 연구결과에서는 결혼에 대한 실질적인 지식과 정보를 갖게 되며, 배우자와의 의사소통 기술과 창조적인 갈등 해결방법을 배운다고 했다.[3] 이렇듯 결혼 예비교육은 자신과 배우자를 이해하고, 결혼과 가정생활에 대해 바른 가치관을 확립하여 성숙한 가정생활을 영위하는 데 그 필요성이 있다.

---

[1] 크리스찬 커플플래너(http://www.ok123.pe.kr)는 1999년에 오픈한 기독교 최초의 무료 결혼중매 사이트이다. 가입회원은 수천여 명으로 남녀 회원 비율이 3:7이며, 여성 회원의 70%가 32세 이상이다. 해당 사이트는 지금까지 수십 쌍의 기독청년들의 결혼을 성사시켰다.

[2] 여정, 『결혼 예비교육 교재 개발을 위한 연구』(미간행, 석사학위청구논문, 서울신학대학교 대학원, 2004), p.11.

[3] 김광률, 『결혼예비 상담 및 교육프로그램의 개관』(서울: 기독교문화연구, 1997), pp.4-6.

　따라서 이 책은 미혼 청년들을 위한 결혼 예비(준비)교육과 그들의 필요를 채워주려는 데 그 목적이 있다. 결혼을 앞둔 미혼 청년들을 위해 결혼 후 예상될 수 있는 문제들을 방지하는 예방적인 차원에서 결혼 예비교육의 내용들을 제시했다. 오늘날 사회적으로 날로 더해가는 가정문제의 원인은 훗날 미혼 청년들이 결혼해서도 동일하게 안고 있어야 되는 문제들이다. 이에 대한 대처 방안으로 결혼 예비교육만이 가정파탄과 갈등 등을 해결할 수 있음을 확신했다.

　이 책의 제1장은 결혼에 대한 이해를 고찰해 보았다. 결혼은 '불완전한 두 개체가 만나서 하나의 완전한 개체를 이루기 위해 노력하는 과정'인 것이다. 이러한 과정은 거저 주어지는 것이 아니라 부부의 부단한 노력과 인내가 필요하다. 서로 다른 배경에서 자라난 두 남녀가 부단한 노력과 인내가 없이는 결코 성숙한 결혼과 원만한 가정을 이룰 수 없다. 결혼의 과정에서 그야말로 '자신의 모든 것을 드리는 헌신의 자세'가 절대적으로 필요하다. 결혼은 내가 누리는 것이 아니고 섬기는 것이다. 철저하게 사랑으로 헌신하는 것이기 때문이다. '나의 모든 것을 드리는' 결혼이기에 서로가 상대방의 좋은 점뿐만 아니라 단점까지도 이해하며 조정해가면서 '나의 몸 일부'로 받아들이는 전적인 수용이 필요하다. 더 나아가 부부 각자는 결혼을 시점으로 부모 곁을 떠나야 하고, 인격(지·정·의)이 연합하여 각기 다른 두 인격체가 마음을 하나로 모아 한 방향으로 나아가는 것이다. 이러할 때 육체적, 심리적, 정신적으로 '하나 됨'이 된다.

제2장은 결혼준비를 위한 실제적 접근이다. 여기에서는 이성교제와 배우자 선택 그리고 성(性)에 대한 실제적인 내용이다. 미혼 청년들의 이성교제에는 데이트와 구혼과정을 구분 지어야 한다. 데이트는 결혼에 관한 언질을 내포하지 않으며, 넓게 두루두루 이성과 사귀면서 다양한 성격과 종교 및 가치관을 지닌 이성들을 만나서 차차 구혼과정을 밟아간다. 구혼과정은 결혼을 전제로 만나는 친밀한 교제이며, 자신의 말과 행동에 책임이 따른다.

성경적인 배우자(돕는 배필)는 대조자 또는 반대자, 대칭자로서 자신과 라이프스타일이 반대이며, 자신의 부족한 면을 채워주는 상호보완자를 선택하게 된다. 일반적 배우자는 동질적 요소와 이질적 요소 모두에 따라 선택된다.

오늘날 왜곡된 성문화에 노출된 미혼 청년들에게 성(性) 예비교육이 필요하다. 인간의 '性(성)은 心(마음)과 生(몸)이 결합된 형상문자(形象文字)로 전체적인 인간 그 자체를 뜻하는 전인격(全人格)의 의미를 지닌다. 성(性)은 남녀가 한 몸이 되어(결혼) 고귀한 생명을 탄생시키는 신성한 영역으로 해석된다. 그러므로 남녀의 성관계는 평생 함께하겠다고 결혼한 그 순간부터 시작되는 것이다. 이에 대해 가정학자 찰스 셀(Charles M. Sell)은 "하나님께서 인간에게 성을 통제하는 일환으로 결혼이라는 제도를 만들어 놓았다. 진정한 성적 충족은 상호 사랑과 책임이 수반되는 합법적인 혼인관계에서만 찾을 수 있다"라고 했다. 따라서 혼전 순결은 반드시 지켜야 한다는 입장을 도출해낼 수 있다.

합법적이고 정당한 혼인관계 안에서 이루어지지 않으면 옳지 못한 성의 결합으로 '음행'이다. '음행'은 고대 그리스어로 '포르네이아(πο ρνεια)'라 하여 합법적이고 정당하지 하지 않은 미혼자들의 성행위를 말한다.

제3장은 행복한 결혼생활을 위한 설계도이다. 오늘날 결혼생활에서 발생하고 있는 문제들로 무엇이 있는지 살펴보았다. 서로의 차이로 인한 부부관계 갈등, 부정적인 자아상으로 인한 부부관계 갈등, 고부간의 갈등이 있다. 가정의 위계질서가 무너져 부부관계가 파괴되고 있다.

결혼생활에서 부부는 각기 다른 가치관, 생활관습, 가정환경 등에서 자랐기 때문에 그로 인한 갈등을 겪게 된다. 서로의 차이는 나쁜 것이 아니며 틀린 것이 아니다. 차이로 인한 갈등의 해결방법은 상대를 이해하고 인정하는 능력과 그 갈등을 조절할 수 있는 능력에 있다. 부부관계에 있어 의사소통 기술이 없어 갈등이 일어난다. 부부는 상대의 신체언어를 볼 수 있어야 하고, 대화를 할 때도 I-Message(아이 메시지, 나 전달법)를 많이 사용하도록 습관화해야 한다. 부정적인 자아상을 가지고 있어 부부는 갈등한다. 자아상은 자신의 지각, 관념, 태도 등의 개념의 집합으로서, 마음속에 가지고 있는 자기 모습이다. 자아상 회복을 위한 방법으로 자기이해, 자기수용, 자기개방, 피드백이 있다.

고부갈등의 해결 열쇠는 먼저 시어머니의 의지 여하에 달려 있다. 고부간의 갈등의 주원인이 시어머니가 아들과 밀착된 관계에서 떠나지 못함에 있다. 우선 시어머니는 아들과의 공생적 관계를 해체하고 아들을 떠나보내야 한다. 그래서 모자관계를 떠나 부부관계로 전환해야 한다. 고부갈등 해소를 위해서 부부는 시어머니에 대한 이해가 필요하다. 인생의 가을이라고 하는 시기를 맞은 시어머니는 자녀를 떠나보내면서 심한 공허감을 느끼고 건강마저 위협받는 시기이므로, 부부는 따스한 가슴으로 시어머니의 마음을 헤아려야 할 것이다.

건강한 가정에서 좋은 아버지는 공급자(Supplier), 보호자(Protector), 인도자(Guider), 교육하는 자 혹은 훈계하는 자(Instructor)이다. 좋은 어머니는 영아 시기부터 어머니의 사랑을 시초로 하여 아버지의 사랑, 교사의 사랑, 친구의 사랑, 배우자의 사랑을 많이 받을 수 있도록 자녀를 안내해야 한다.

결혼을 준비하는 청년들과 청년 지도자들에게 이 책이 필독서로 읽혀지기를 기대한다.

한 권의 책이 엮어지기까지 여러모로 수고해준 평생 동역자인 사랑하는 아내에게 감사하며, 이 책을 출판케 해주신 한국학술정보(주) 사장님께도 감사드린다. 아무쪼록 이 책을 읽는 모든 분에게 행복한 가정이 되기를 기원하다.

김효영

차례

제2장 결혼준비를 위한 실제적 접근

제3장 행복한 결혼생활을 위한 설계도

제1장

결혼에 대한 이해

스터디 가이드①_결혼의 학문적 이해
스터디 가이드②_결혼의 성경적 이해
스터디 가이드③_유대인의 성경적 결혼

스터디 가이드_①
결혼의 학문적 이해

결혼의 의의

흔히들 결혼은 제2의 탄생이라고도 한다. 인간은 결혼과 더불어 새로운 인생을 시작하기 때문이다. 결혼은 자신이 태어난 이후 성장의 터전이 되었던 가족을 떠나 배우자와 더불어 새로운 가족을 형성하게 된다. 그리하여 결혼을 통해 사회적 역할과 지위를 획득하고 나아가 가족 내외적 인간관계를 확대하게 된다.

일반적으로 결혼이란 것은 장밋빛 인생이 펼쳐지는 낙원만이 아니라, 책임과 의무가 수반되고 아픔을 감내해야 하는 현실생활의 측면도 존재한다. 결혼생활에서 여러 문제에 부딪칠 때, 서로가 힘을 합쳐 노력하고 극복해 나간다면 그때 비로소 결혼의 참다운 의미가 되살아나는 것이다. 따라서 결혼이란 인간이 요구와 의무의 균형 속에서 책임감 있게 자신의 의무를 다함으로써 하나의 성숙된 인격체로 완성됨을 그 최대의 의의로 삼고 있다.

혼인하는 두 사람은 결혼식을 통하여 축하를 받으며, 그 결합을 공식적으로 인정받게 된다. 그렇기 때문에 결혼은 성행위와 자녀출산에 대한 사회적인 인정을 얻는 합법적인 절차라 할 수 있다. 부부 중 어느 한 사람이 배우자 외 다른 사람과 성관계를 가졌을 경우 이혼 사유가 되기도 하고, 혼외정사로 생긴 아이는 법적인 자녀로 인정되지 않기도 한다.

또한 결혼을 통해 부부는 가정에 대해 경제적 부양을 책임지는 의무 관계를 설정한다. 전통적인 성역활 분담에서는 아내가 가사를 돌보고 남편이 자녀를 부양하는 형태였으나, 현대사회에서는 부부가 맞벌이를 하며 공동으로 가사를 분담하는 형태로 변모하고 있다. 요컨대, 결혼을 통해서 부부는 경제적으로 결합되고 그들 사이에 태어난 자녀에게 합법성을 부여하게 된다.

결혼을 통해서 가족 내에서 한 개인이 인간으로서 느끼는 개인적 욕구를 충족하고, 사회에서 요구되는 책임을 실천하는 과정에서 부부는 서로를 이해하며 도움을 주고받으며 건전하고 성숙한 인간관계를 발전시켜간다. 이러한 결혼은 한 개인이 지금까지 생활해온 가족을 벗어나 자신이 중심이 되는 독립적인 가족을 형성하는 전환점이며 새로운 인생을 시작하는 출발점으로 큰 의미를 가지고 있다.

하지만 이러한 의미는 시대적·역사적으로 변화를 겪고 있다. 과거 결혼에서는 경제적 안정과, 사회적 지위 획득, 자녀 출산 등 실용적 필요성이 우선시되고 도덕과 사회규범이 강조되었으나, 오늘날에는 배우자 간의 애정이나 공감 그리고 인간적 성장, 행복감의 추구 등 개인적이고 정서적인 측면이 강조되고 있다.

그러다 보니 개인마다 각자의 결혼관이 있고 그 결혼관에 따라 결혼의 가치와 의미도 다르게 조명된다. 그러기에 결혼에 대한 정의는 매우 다양하고 복합성을 가지게 된다. 그렇지만 가정문제를 연구하는 많은 학자들의 공통된 정의는 '결혼은 불완전한 두 개체가 만나서 하나의 성숙한 그리고 완전한 개체를 이루기 위해 노력하는 과정'[4]이라는 것이다.

그런데 이 성숙하고 완전한 개체를 이루기 위한 과정은 결코 거저 주어지는 것이 아니다. 서로 다른 배경에서 자란 두 사람은 부단한 노력과 인내 없이는 결코 성숙한 결혼과 원만한 가정을 이룰 수 없다. 결혼의 과정에서 그야말로 '자신의 모든 것을 드리는 헌신의 자세'가 절대적으로 필요하다. 결혼은 내가 누리는 것이 아니고 섬기는 것이다. 철저하게 사랑으로 헌신하는 것이기 때문이다.[5] '나의 모든 것을 드리는' 결혼이기에 서로가 상대방의 좋은 점뿐만 아니라 단점까지도 이해하며 조정해가면서 '나의 몸 일부'로 받아들이는 전적인 수용이 필요하다. 받아들일 때는 상대방의 모든 것, 약점까지도 수용하여야 성숙을 이루게 된다.

그래서 볼스윅(Balswick)은 가정의 출발점이 헌신된 언약(covenant commitment)이라 하여, 그의 저서 『크리스천 가정』에서 '헌신된 약속'을 강조했다.[6] 그러므로 결혼의 참뜻을 즐기려면 배우자를 세우고 섬기려는 결단과 반복적 헌신이 필요하다.[7] 배우자를 섬길 기회를 많이 찾아낼수록 결혼생활은 행복한 의미로 가득할 수 있다. 이러한 행복

---

4) 송정아, 『결혼이 주는 의미』(서울: 생명의 말씀사, 1991), p.12.
5) 양찬국, 『가정사역 자료집1』(서울: 합동개혁신학원 목양교회 가정사역학교, 2002), p.143.
6) 노광희, 「기독교 청년들의 결혼 예비사역에 관한 연구」(석사학위논문, 목원대학교 신학대학원, 2004), p.19.
7) 로렌스 크램, 윤종석 역, 『결혼 건축가』(서울: 두란노, 1992), p.130.

한 결혼을 위해서 학자 Bowman과 Spannier(1978)는 다음의 몇 가지 측면에서 전환이 이루어져야 한다고 말했다.[8]

 a. 나의 생활을 우리의 생활로
 b. 독신의 불안전한 성생활에서 공인된 두 사람의 완전한 성생활로
 c. 낭만적 사랑에서 현실과 관련된 책임 있는 태도와 능력으로
 d. 개인의 구매에서 배우자의 가족원을 위한 구매로
 e. 자녀의 입장에서 배우자 입장으로
 f. 자녀의 입장에서 며느리, 사위의 입장으로
 g. 개인적 습관에서 가족 중심의 습관으로

결혼하면 변하는 사랑(에로스)

사람들에게 '왜 결혼을 하려고 하는가'를 질문하여 보았다. 여기에는 여러 가지 이유가 있다. 사랑하기 때문에, 정서적 안정과 가족과 자녀를 얻기 위해서, 그리고 성적 충족을 얻고 보호받기 위해 등등이다. 이 중에서 대부분의 사람들이 말하는 결혼의 가장 강한 동기는 '사랑하기 때문'에 있다. 실제로 결혼을 결정한 사람들에게 '왜 결혼을 하는가?'라고 물으면 80% 이상의 남녀가 사랑하기 때문이라고 한다.[9]

그러나 우리는 알아야 한다. 남녀가 처음 만나 느끼는 사랑은 '에로스 사랑'이며, 이 사랑은 세월이 흐르면 변할 수밖에 없다. 이 사랑

---

8) Ibid., p.133.

9) 박종혜, 『가정행복학교』(서울: 가정행복학교, 2004), p.27.

은 처음에는 귀한 것이지만, 감정적 사랑이기에 계속 믿을 만한 것이 못 된다. 그러므로 사랑을 맹신해선 안 된다. 사실 "사랑 때문에 뭐든지 할 수 있다"는 '사랑 지상주의'만큼 위험한 것도 없다. 연애할 때는 상대방이 너무 좋아서 온갖 달콤한 말을 속삭인다. "사랑하는 당신과 함께라면 사막이라도 함께 건너겠다"라며 뜨겁게 약속했던 사람이 결혼 후, 상대방이 사막을 건너는 것처럼 목이 타는 상황에 접어들었을 때 변함없는 사랑으로 상대방을 위로하고 격려해주는 사람은 드물다. '지금이야말로 내 사랑을 이 사람에게 보여줄 때다'라고 생각하기는커녕, '왜 내가 저런 사람과 결혼했을까?'라고 생각한다.

그래서 '사랑하니까 아무것도 문제될 것 없다'는 감정으로 결혼했던 사람들은 결혼 후 어려운 상황에서 좌절을 느끼면 '처음부터 만남이 잘못됐다'는 결론부터 내리고 말 것이다. 오늘날 '애정 상실'로 이혼하는 부부들이 많이 있다.

그렇다면 연애시절에 그렇게 뜨겁던 사랑이 왜 이렇게 변하게 될까? 이에 대한 연구 조사가 있다. 바로 '남녀 간의 사랑(애정)은 얼마나 오래 지속될까?'라는 연구조사인데, 결과는 '연애시절 가슴 뛰는 사랑은 길어야 18~30개월 이내'라는 것이다.[10] 이는 미국 코넬대학교 연구팀이 2년간 37개의 다양한 문화집단에 속한 5,000명을 인터뷰한 뒤 내린 결론이다. 신디 하잔 교수의 조사에 의하면 남녀가 서로 얼굴을 익히고 데이트를 하고 육체적으로 결합해 아이를 낳는 전 과정은 18~30개월이면 끝난다는 것이다. 이 단계가 지나면 상대방을 보아도 더 이상 가슴이 뛴다거나 손에 땀이 나는 일은 없어진다는 것이다.

---

[10] 조선일보, 1999. 8. 5.

하잔 교수는 '애정이 대뇌에서 옥시토신, 도파민, 페니레시라민 등 3가지 화학물질이 분비돼 형성되는 일종의 정신 상태임을 입증하는 과학적 증거들이 있다'고 주장했다. 때문에 사귄 지 2년쯤 지나면 대뇌에 항체가 생겨 애정효과가 사라진다는 것이다. 특히 아이를 낳고 나면 '애정화학물질'은 더 이상 생성되지 않는 것으로 조사됐다. 30개월이 지나면 애정이 '습관'으로 변질된다는 것이다. 그러나 연구팀은 상대방을 사랑하지 않게 되더라고 계속 좋아할 수는 있다는 위로의 말을 덧붙였다. 또한 남성이 여성에 비해 쉽게 사랑에 빠지며 대부분의 남녀 관계는 여성 쪽의 요구로 끝난다는 결과도 나왔다. 이는 여성의 대뇌 '애정화학물질' 생성이 남성에 비해 느리고 둔하기 때문이라는 연구팀의 설명이다.

이 연구조사에서 볼 수 있듯이 남녀가 처음 느끼는 사랑(에로스)은 변할 수밖에 없다. 에로스 사랑은 감정에 뿌리를 내린 사랑이기 때문이다. 이러한 에로스 사랑만 가지고는 행복한 결혼생활을 유지할 수 없다. 평생을 키워가는 한결같은 조화로운 사랑(에로스, 필레오, 아가페)으로 채워져 있어야 한다.

평생을 키워가는 사랑의 삼각형

에리히 프롬(Erich From)은 『사랑의 기술(The Art of Love)』에서 평생을 키워가는 사랑은 우연히 생기는 것이 아니라 배우고, 실천하고, 갈고닦아야 하는 기술이라고 했다.[11] 그러므로 평생 지속하는 조화로운 사랑을 유지하고 키워나가기 위해서는 기술적으로 부지런히 노력해야 한다.

조화로운 사랑(에로스, 필레오, 아가페)은 세 변이 동일한 정삼각형에서 사랑의 절정을 나타낸다. 세 요소가 균등하게 분배되어 있어야 완전한 사랑이다. 삼각형의 한 변이 다른 변보다 길거나 짧아 균형을 잃으면 행복한 결혼생활을 유지할 수 없다. 조화로운 삼각형 사변의 사랑은 다음과 같다.

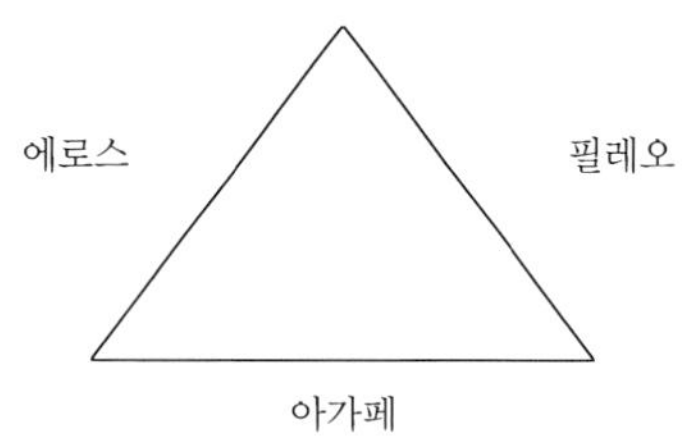

에로스(Eros)

불꽃처럼 타오르는 사랑(Eros)은 먼저 이성에게 끌려서 교제하고 결혼하게 되는 육체적인 사랑이다. 이러한 에로스 사랑으로 인해 결혼은 시작된다.[12] 에로스는 사랑은 정열적인 모습으로 나타난 사랑이다. 이는 다분히 본능적이며 감각적인 사랑으로서 연인들 사이의 사랑에서 그 절정의 모습을 드러낸다. 누군가와 '사랑에 빠졌다'고 할 때의 바로 그 사랑을 의미한다. 이와 같은 에로스 사랑이 바탕이 되

---

11) 김종환, Ibid., p.72.
12) 추부길 · 김정희, op.cit., p.60.

어 배우자를 선택하므로 에로스는 결혼을 결정하는 중요한 요소가 된다.

하지만 이러한 에로스 사랑은 자기중심적 또는 자기만족을 위한 사랑, 감각적이며 순간적인 사랑, 불같은 사랑으로 표현된다. 이는 욕망(desire)에 가까운 사랑으로 사람들은 이 사랑을 실현하기 위하여 모험을 감수하기도 한다. 에로스적인 사랑은 항상 강한 신체적 매력을 포함하여 신체적 접촉에 대한 욕구를 느끼게 된다. 찰스 셀은 이러한 감정에만 의존하고 있는 낭만적인 사랑은 쉽게 밀려왔다 쉽게 떠내려가기 때문에 "결혼에 있어 든든한 기초가 되지 못한다"라고 했다.[13]

오늘날에는 이러한 에로스 사랑이 남녀 간의 보편적인 사랑의 개념으로 수용되고 있으며, 흔히 '사랑'은 생물학적 에너지, 정서적 무드, 감성 혹은 이성을 향한 열정으로 이해된다. 그렇다면 '첫눈에 반해 어떤 사람을 사랑한다면 그것도 사랑일까?' 하는 의문이 생길 수 있다. 그러나 그것은 육체적으로 매료됐다는 것을 의미한다. 이것은 본능적인 매료이지 사랑이 아니다.

필레오(Phileo)

신뢰와 믿음을 상징하는 사랑(필레오)은 희랍어 성경에 25번이나 나오며, 우리말로 우애(友愛)라고 하여 인간관계의 즐거움을 의미한다. 필레오(Phileo)의 사랑은 친구들 사이의 우정을 뜻하는 것으로, 이 사랑은 정신적이며 인격적인 사랑이다. 필레오는 에로스와 달리 본능

---

13) Charles M. Sell, op.cit., p.137.

에서 멀리 떨어져 있는 사랑이다. 필레오는 서로 간의 감정과 기분, 정서를 공유하며 공동의 관심사를 나누는 친밀한 관계이다. 이와 같은 공동의 관심사는 그들을 하나로 만든다.[14] 결혼생활에서 부부간에는 '친구 같은 부부로서의 사랑', '혼(魂)적인 사랑'이 필요하다. 이러한 사랑이 없으면 결혼생활에서 불만이 쌓이게 된다. 결혼의 과정에서 에로스의 사랑으로 데이트가 시작되고 그 사랑이 필레오의 교제와 나눔으로 승화되고, 아가페의 헌신을 통해서 결실을 얻을 수 있다.[15]

아가페(Agape)

자기희생을 상징하는 사랑(아가페)은 인간을 향한 하나님의 사랑으로 표현할 수 있다. 무조건적인 자기희생적인 사랑이며, 가장 선하고 완전한 사랑이다. 추부길은 아가페 사랑을 가리켜 "부부가 하나님의 선한 사역으로 함께 일궈가는 영적인 사랑이다"라고 했다.[16] 앞에서 언급한 에로스, 필레오 사랑은 인간적인 사랑이며, 아가페에 근접할수록 '아름다운 사랑'으로 승화된다.[17] 에로스 사랑이 점점 소멸해가고, 필레오 사랑의 공유점이 사라질 때, 아가페 사랑으로 성숙된다. 결혼에서 사랑의 동기가 바로 이러한 세 가지 사랑의 유형들이 온전한 정삼각형 형태로 균형을 이룰 때 성숙한 결혼생활을 지속할 수 있다. 결혼이란 것이 에로스에서 태어나 필레오에 의해 성숙하며 아가

---

14) Joshua Harris, 이미리 역, 『NO 테이팅(I Kissed Dating Goodbye)』(서울: 두란노, 1998), p.40.
15) 오성춘, 「만남의 축복을 누리기 위하여」(빛과 소금, 2007년 5월호), p.37.
16) 추부길 · 김정희, op.cit., p.65.
17) 안빈 · 김정희 · 김상연, op.cit., p.38.

페 사랑으로 완성되기 때문이다.

다시 말해 성숙하고 행복한 결혼생활은 에로스와 필레오와 아가페의 융합으로 이뤄진다. 이성과의 첫 만남에서는 에로스(사랑)가 큰 도움이 된다. 서로를 바라볼 때 불꽃이 튈 정도로 사랑의 감정을 무르익게 하기 때문이다. 그런 다음 친구 같은 우정의 필레오(사랑)가 자라난다. 그러나 에로스와 필레오, 이 두 가지 힘만으로는 성공적이고 행복한 결혼이 성립되지 않는다. 즉 아가페(사랑)의 힘이 보충되어야 한다. 이 아가페의 힘으로 서로를 용납하고 품어주며 무조건적인 사랑으로 감싸줄 수 있을 때 성숙하고 행복한 결혼에 이를 수 있다.

진정한 사랑은 손과 발끝에 있다

한 몸인 부부는 혼자 살아갈 수 없기 때문에 서로의 처지를 이해하고 배려할 때 좋은 부부가 될 수 있다. 사랑은 가만히 있으면 저절로 생기는 것은 아니다. 상대방의 삶에 관심을 가질 때 사랑할 수 있는 기회를 찾을 수 있다. 부부가 사랑이 부족하다는 것은, 상대방의 삶에 대해 관심이 부족하기 때문이다. 부부에 있어 사랑의 실천은 '관심과 섬김'이라는 구체적인 행동으로 나타난다.

그렇다면 관심과 섬김이란 무엇일까? 관심은 나의 마음이 머무는 곳을 말한다. 내가 어떤 것에 대해서 관심이 있을 때 나의 마음과 생각은 자동적으로 그곳에 가 있다.[18] 즉 관심이란 상대방을 위하여 나

---

18) 최선희, 「2006년 여주대 라이프 코디레이션에 대한 강의안」, p.3.

의 마음에 자리를 내어주는 것이다. 그리고 '섬김'은 사랑하는 사람에
대한 관심의 구체적인 표현을 의미한다. 사랑은 마음에서부터 시작하
지만 마음에만 머물지는 않는다. 마음에서 시작한 사랑은 언제나 손
과 발을 거쳐 상대방을 향한 구체적 돌봄의 행위로 이어지므로 진짜
사랑은 손끝에 있는 것이다.

결혼의 성경적 이해

결혼은 동반자 관계의 계약사건

결혼은 동반자 관계의 언약사건이다. '그 아내와 연합하여'(창 2:24)에서 '연합'이란 단어는 들러붙다, 고착시키다, 계속 그대로 유지하다의 뜻으로 '죽음이 우리를 갈라놓을 때까지', '끝까지'라는 언약적 의미가 담겨 있다. 언약은 히브리어로 '베리쓰(בְּרִית, Beriyth)'라 하여 '자르다, 가르다'로 해석되며, 원래는 짐승을 반으로 갈라 마주 놓은 뒤 두 고깃덩이 사이로 계약 당사자가 지나감으로써 체결되는 계약을 뜻한다.[19] 이는 계약을 체결한 당사자가 계약을 파기할 경우 갈라놓은 짐승처럼 죽을 것을 각오해야 함을 의미이다.

이것은 오늘날 결혼식에서 신랑과 신부 측 하객이 중앙통로를 중심으로 양쪽으로 갈라 앉는 이유이며,[20] 신랑·신부의 가족과 하객

---

[19] 권병기, 「유대인의 결혼식에 대한 강의안」, p.2.

[20] 추부길 · 김정희, op.cit., p.30.

들은 신랑·신부가 결혼서약에 들어갈 때 양쪽에 정돈해 놓은 성경상의 희생제물(언약)을 상징하는 것으로, 하나님에 의해 언약(맹약)으로 창조된 제도를 교훈하기 위함이다.[21] 그러므로 기독교 결혼의 독특성은 결혼을 하나님 앞에서 맺어지는 계약으로 이해한다.[22] 결혼은 인간의 필요와 욕구를 충족하기 위해서가 아니라 하나님이 언약으로 세우신 제도이기에, 결혼은 하나님이 짝 지어 주신 것으로, 어길 수 없는 언약이다.[23] 이 언약은 신의를 저버리지 않는 신실한 행동으로 나타나게 되어 끝까지 서로는 사랑하고 책임과 의무를 다하는 것이다.[24] 이 언약은 말라기 2장 14절에서 아내(조강지처)를 가리킨 '그는 네 짝이요, 너와 맹약(covenant)한 아내'라 한 것과 연결된다.

결혼은 떠남과 연합과 한 몸이 되는 사건

하나님의 창조사역에 해당되는 성서적 결혼관은 남자와 여자가 그 부모를 떠나(결혼) 서로 연합하여 둘이 한 몸이 되어 가는 것이다. 이 세 요소는 마치 삼각형의 세 변과 같이 서로가 연결되어 있으며 만일 이 셋 중 하나가 결핍되면 결혼은 안전할 수 없다.

---

[21] 말라기 2장 14절, 잠언 2장 16–17절.

[22] 김숙자, op.cit., p.9.

[23] 윤현숙, 「결혼 예비부부 교육을 통한 목회적 돌봄에 대한 모델」(미간행, 석사학위청구논문, 협성신학대학교 신학대학원, 2000), p.3.

[24] 여정, op.cit., p.27.

떠남(Leaving)의 원리 – 남자가 부모의 곁을 떠나(창 2:24)

여기서 '떠나다(עזב,아자브)'는 어원적으로는 '남겨 두다', 끊다, 짐을 부리다(출 23:5)란 뜻으로 원래 속해 있던 집단과 관계를 청산하고 떠나라는 것이다. 원어에는 '떠나다'는 미완료형으로 사용하고 있고 '연합하다', '이루다'는 완료형으로 사용되고 있다.

떠남의 원리에서 '떠나다'가 미완료형으로 쓰였다는 사실은 결혼이 지금까지 속해 있던 상태에서 떠나는 것이기는 하나, 가족으로부터 완전히 독립되는 것이 아니라, 육체적, 인격적으로 책임감 있는 존재로서 부모로부터 독립된 존재로 탈바꿈하라는 것이다.

그러므로 성숙한 결혼생활의 시작은 바로 '남자와 여자가 그 부모를 떠나'에서 시작된다. 떠남이란 육체적, 정신적, 정서적, 경제적으로 부모로부터 독립함을 의미한다.[25] 남자와 여자가 결혼이라는 기점을 통해서 새로운 부부 관계를 갖기 위해서는, 그동안 자신을 길러 보호해준 정든 부모 곁을 떠나야 한다.

'떠난다'는 것은 단지 공간적인 떠남만을 이야기하는 것이 아니라 정신적(심리적), 사회적, 경제적으로 부모와 의지했던 것을 끊고 독립된 인간으로서 자신의 삶에 책임과 의무를 다하는 것이다.

일반적으로 육체적인 떠남은 정신적, 또는 심리적인 떠남보다 훨씬 쉽다. 육체적인 떠남은 부모로부터 일단 떠나오면 되지만 심리적인 떠남은 쉽지 않다. 결혼을 기점으로 과거 부모에게 의존했던 것에서 벗어나야 하는데 그렇지 못하고 계속해서 부모와 교류하는 것이다.

---

25) 추부길 · 김정희, 『가정사역 워크북』(서울: 크리스찬 치유목회 연구원, 1997), p.30.

오늘날 가정 문제의 원인 중 하나가 부모와 떨어지지 못한 데 있다. 시부모가 아들과 며느리 사이를 갈라놓기도 하고 반대로 장모가 딸과 사위 사이를 갈라놓기도 한다.[26] 떠남의 원리는 부모와 완전히 단절되는 것이 아니라 부모의 의사를 존중하되 부모에게 의존했던 것에서 벗어나 독립된 가정을 이루는 것이다.

성공적인 결혼생활은 결혼 후에 부모의 의사를 존중하되 부모의 영향에서 벗어나 독립된 한 가정을 만들 수 있는가 없는가에 크게 좌우된다.[27] 그러므로 부모는 출가시킨 자녀에 대해 권면과 조언을 하되 둘 사이에 시시콜콜 간섭하고 조종하려 해서는 안 된다.

연합의 원리 – "그 아내와 연합하여"(창 2:24)

연합의 원리는 유기적인 두 인격체가 상호 협력함으로 뜻을 이루는 '연합성(聯合性)'이다.[28] <u>이는 상호 이해와 신뢰, 인정과 인내와 헌신을 바탕으로 한다.</u> 부부 연합 관계는 전체적 헌신, 수용하는 헌신, 배타적인 헌신, 성장하는 헌신의 열망과 실행 속에서 그 연합 과정이 계속성을 가지고 진행된다. 이 헌신을 통해 부부가 서로에게 공동 존재로서의 인간 존재와 인간 본질의 정수를 체험하게 되는 것이다.

---

26) 필자가 1999년 오픈한 결혼중매 사이트(http://www.ok123.pe.kr)에서 만나 결혼이 성사된 몇몇 가정이 이혼을 결정했는데, 밀착상담을 통해 밝혀낸 사실은 바로 이런 이유였다.

27) 심수명, 『한국적 이마고 부부치료』(서울: 도서출판 다세움, 2006), p.111.

28) 제자원 편집, 『그랜드 종합주석 제1권』(서울: 성서교재 간행사, 1991), p.347.

한 몸 됨의 원리 – "둘이 한 몸을 이룰 지로다"(창 2:24)

한 몸의 어원적 의미는 단순히 두 몸이 결합하는 것이 아니라 인격 (人格)이 연합하는 것을 말한다. 즉 "두 인격이 된 한 몸(One body with two person)"이다. '둘이 한 몸'에는 육체와 정신이 전인격적(全人格的) 으로 하나가 되는 극치의 표현이다. 각기 다른 두 인격체가 정신적, 육체적, 심리적으로 하나가 됨이며, 영적인 완성의 의미도 내포하고 있다.[29] 그러니 한 몸에는 정서도 하나요, 비전도 하나요, 경제관, 가 치관도 하나이다. 이처럼 한 몸의 개념은 실제적이고 명백하게 눈으 로 볼 수 있는 방식으로 나타난다.[30]

그런데 여기서 두 사람 중 어느 하나의 인격이라도 억제되면 진정 한 하나가 되지 못한다.[31] 각자가 자기주장을 피력할 수 있어야 하며, 어느 한 사람이 모든 것을 양보하라고 요구하는 것은 한 몸이 아니라 한 몸을 허물어뜨리는 결과를 가져온다. '둘이 하나 되어 살아가는 비밀'은 바로 기능과 역할의 조화이다. 『명심보감』에 "형제는 수족과 같고 부부는 의복과 같아서, 부부는 버릴 수 있어도 형제는 버리지 못 한다"는 말이 있다. 남성주의적 혈통사회와 유교사상을 잘 증명하 고 있는 말로, 피 한 방울 섞이지 않은 부부보다 피를 나눈 형제가 더 소중하다는 뜻이다.

그러나 성경은 부부를 그렇게 말하고 있지 않다. **"그 아내와 합하 여 그 둘이 한 육체가 될지니"**(엡 5:31)라고 했다. 성경은 부부가 의복

29) John Williams, 김영배 역, 『결혼과 가정생활(Marriage and family life)』(서울: 생명의 말씀사, 1988), p.41.
30) 김숙자, 『기독교 결혼에 관한 연구』(석사학위논문, 안양대학교 신학대학원, 2003), p.15.
31) 찰스 셀, 양은순 외 1명 역, 『가정사역』(서울: 생명의 말씀사, 1998), p.76.

이 아니라 "한 몸"이라고 교훈하고 있다. 부부는 날씨가 덥다고 휙 벗어 던지거나, 오래되어 싫증난다고 새것으로 바꿔 입을 수 있는 의복이 아니라 "한 몸"인 것이다.

한 몸의 특징은 한 몸의 한쪽이 아프면 함께 아파하고 기쁘면 함께 기뻐하는 것이다. 그런데도 아내가 아파 신음하고 있는데 아무렇지 않은 남편이 있는가? 아내가 자녀교육 문제로 시댁 문제로 가슴이 메어져 있는데 아무렇지 않은 남편이 있는가? 그렇다면 그 부부는 "한 몸"이 아니라 "두 몸"이다. 사실상 남남이다. 사랑하지 않은 것이다. 이것이야말로 바르지 못한 행동이다.

한 몸에는 손과 발 등 많은 신체 부위가 있다. 손, 발이 아프면 치료해야 하지 않는가? 부부는 한 몸인데 아내가 문제가 있다고 잘라 버릴 수 있는가. 아프면 치료하고, 문제가 있다면 고쳐야 하지 않는가? 아내가 문제가 있다고 갈라서야 하는가? 갈라서는 사람은 진정한 한 몸의 가르침을 모르고 상대를 한 몸처럼 여기지 않기 때문이다.

친밀성의 원리 – "두 사람이 벗었으나 부끄러워 아니하더라"(창 2:25)

'친밀성의 원리'란 결혼생활에 있어서 허물이나 결점이 결코 문제가 되어서는 안 된다는 것을 의미한다. 하나님은 그 모자란 점 때문에 돕는 배필로서 결혼을 만드셨고 또 함께 살도록 배려했는데 그것을 비난하여 헤어지는 것은 창조질서에 위배되는 것이다.

결혼해야 하는 이유

왜 인간은 결혼해서 가정을 이루어야 하는가? 이 문제에 대한 답을 얻기 위해서는 먼저 누가 결혼을 창조했는가를 알아야 한다. 성경에서는 결혼이 사람들의 필요에 의해 만들어진 것이 아니라 창조주 하나님의 생각으로 설계됐다고 말하고 있다.

> "여호와 하나님이 가라사대 사람이 독처하는 것이 좋지 못하니 내가 그를 위하여 돕는 배필을 지으리라 하시니라."(창 2:18)

이 말씀에서 '독처(alone)'라는 단어는 히브리어 '바드(בַד)'에서 비롯됐다. 이는 '분리되다(to be separated)' 또는 '고립되다(to be derided into parts)'라는 뜻으로, '분리된 상태(to be on a state of separation)'를 말한다. 남녀 모두가 혼자서는 불완전하다는 뜻이다. 그래서 고대 근동 및 유대사회에서는 결혼을 하지 않고 혼자 있으면 불완전하다 하여 불명예로 생각됐다.[32] 그들이 오랫동안 사용했던 아람어[33]에서는 독신을 '총각'이라 하여 '아잡'이란 단어로 사용했다. 이는 '고독한, 외로운, 버림받은'이란 뜻으로 결혼하지 않고 혼자 살아가는 것은 고독한 것이고 외로운 것이며 버림받은 것이다.[34]

『광야의 영성』 저자는 "성경은 독신주의를 지향하지 않는다"라고 하면서 다음과 같이 말한다.[35]

---

[32] 존 윌리엄스, 김영배 역, 『결혼과 가정생활』(서울: 생명의 말씀사, 1993), p.17.

[33] 레이몬드 설버그, 김의원 역, 『신구약 중간사』(서울: 기독교문서선교회, 1999), p.10, 유대인들은 히브리어를 대신하여 사용하였는데, 구약시대의 말기에 아람어가 페르시아 제국 언어이자 세계 공통어가 됐다.

[34] 이윤재, 『광야의 영성』(서울: 쿰란출판사, 2002), p.201.

[35] Ibid., p.195.

성경에서는 본래 남자를 '아담', 여자를 '하와'라고 불렀다. 아담은 '흙'이며, 하와는 '존재'라는 뜻이다. 아담은 흙에서 나왔기에 흙이고, 여자는 남자를 위해 지음받았기 때문에 그냥 존재에 지나지 않는다. 그런데 이들이 결혼[36]을 하면 이름이 완전히 바뀌어 아담은 남자 '이쉬(אישׁ)', 하와는 여자 '잇샤(אשׁה)'[37]가 된다. 결혼을 하지 않은 사람은 남자도 여자도 아니며 여전히 흙이나 존재에 지나지 않는다. 사람이 여자가 되고 남자가 되려면 결혼을 해야 하는 것이다.[38]

'남자', '여자'의 어원을 살펴보면 '남자'에는 Y자가 '여자'에는 H자가 들어 있다. 이 Y와 H의 두 글자는 야웨와 엘로힘 하나님을 일컫는 두 문자로 그 결혼엔 반드시 하나님이 존재하여야 한다. 그런데 남자, '이쉬'에서 하나님을 뜻하는 Y를 빼고, 여자 '잇샤'에서 하나님을 의미하는 H를 빼면 '에쉬'로 변해 버린다. '에쉬'는 '불'이라는 뜻이다. 따라서 남자나 여자에게서 야웨, 여호와를 빼면 남는 것은 '에쉬', '불'뿐이다. 가정을 태워 버리는 불만 남는다. 결국 남자나 여자에게서 창조주 하나님이 없으면 그곳(가정)에는 '불'만 남게 되고 분리된 상태가 된다.

오늘날 결혼한 부부가 서로에게 상처를 주고 헤어지는 것은 그 중심에 창조주 하나님이 계시지 않고 '불'만 있기 때문이다.

구약시대 결혼의 독특한 관습

구약시대의 독특한 결혼 관습은 수혼(levirate marriage)제도이다.[39] 가족 중 한 형제가 대를 이을 아들을 낳지 못하고 죽었을 경우, 다른 형제가 죽은 형제의 아내를 취하여 아들을 낳아 그 가문과 기업을 잇게 해주는 규례를 말하는 것으로(신 25:5~10) 계대 결혼법(繼代 結婚法)이라고도 한다.

수혼법의 원래 목적은 후사가 없이 죽은 형제를 위하여 아들을 낳아줌으로써 죽은 자의 이름이 끊이지 않게 하고 그 기업을 보존하는 데 있다. 또한 이를 통해 남편과 사별한 후 의지할 곳 없는 과부를 보호하고 경제적 안정을 유지하게 함으로써 이방인과 결혼하는 것을 방지하는 목적도 있다.

하나님께서 이스라엘 민족에게 수혼제도를 허용하신 것은 아브라함과 맺은 언약과 관련이 있다(창 13:16). 이러한 약속에도 불구하고 이스라엘에 후사가 없어 대(代)가 끊어진 가문이 생긴다는 것은 하나님의 약속과 상치되는 일이다. 이에 하나님께서는 수혼법을 통해 이러한 사태를 방지하신 것이다.[40]

신부(칼라)의 의미

히브리어에서는 신부를 '칼라(כַּלָּה, kallah)', 곧 '완성(completion)'이

---

39) 형이 아들이 없이 죽으면 아우가 형수에게 장가드는 관습 제도이다.

40) 인터넷 http://blog.naver.com/ssnhy

라는 뜻으로 사용하고 있다. 이는 창세기 2장 18절에, 아담이 혼자 살아가는 것이 좋지 못해서 돕는 배필로 하와를 창조해서 아담에게 데리고 왔을 때 창조사역이 최종적으로 완성됨을 의미한다. 그래서 여자는 남자의 완성이요, 창조의 완성이므로 '신부'는 '칼라' 곧 '완성(completion)'인 것이다.[41)]

남자가 혼자 있으면 불완전하므로 조력자가 될 여자가 필요하다. 제아무리 유능한 남자라 하더라도 신부가 없는 신랑의 삶은 불완전하다. 옆에 '돕는 배필'로서 신부가 있어야 부족한 것이 채워진다. 신부 또한 신랑이 있어야 성숙하고 완성된 인간이 된다.

그래서 성경은 신부(칼라)를 남자를 위한 '돕는 배필'로 교훈하고 있다. '돕는 배필' 하면 대다수 여성에게 썩 좋은 어감으로 들리지 않을 수 있다. 뭔가 부족해서 보조 역할을 하는 것 같은 느낌이 들기 때문이다. 그러나 '돕는 배필'에서 '돕는'은 히브리어로 '에제르(ezer)'이며, '돕는 자'(시편 121:1), '호위하다'(겔 12:14), '더하다'(슥 1:15)로 해석된다.[42)] 즉 "하나님께서 고아와 과부를 돕는 자이시니라", "하나님은 이스라엘을 돕는 자이시니라"라는 단어와 같은 의미다.[43)]

하나님께서 연약한 자를 도우신다는 것처럼 아담(남편)을 위해 '돕는 배필'로 하와(여성)가 아담(남성)을 도와주는 역할이 된다. 하나님께서 연약한 자를 돌보지 않으면 쓰러질 수밖에 없듯이, 아담(남자)이 홀로 있으면 쓰러질 수밖에 없으므로 하와(여자)는 '돕는 자'로서 아담에게 필요하다. '돕는'이라는 말은 있어도 그만, 없어도 그만이 아

---

41) 이윤재, 『광야의 영성』(서울: 쿰란출판사, 2002), p.194.

42) 제자원 편집, 『옥스퍼드 원어대전 제1권』(서울: 성서교제, 2004), p.203.

43) 금정달 · 김정진, 『결혼이 늦어지는 12가지 이유』(서울: 규장, 2001), p.63.

니라 절대적으로 필요한 존재임에 틀림없다.

여자는 남자를 돕는 배필로 지음받았기 때문에 남자보다 훨씬 세밀하고 섬세하다. 감정적인 면에서나 지각적인 면에서 남자보다 예민하고 복잡한 것이 여자이다. 여자는 남자가 보지 못하는 면까지도 예민하게 느낄 수 있는 본능을 가졌다. 남자가 미처 깨닫지 못하는 부분을 보고 남자가 일을 수행하도록 돕는 것이 아내가 할 일이다.[44] 이로 볼 때 성경적 관점에서 분명한 사실은 신랑신부가 함께한 결혼은 사업(비즈니스)이 아니라 돕는 배필(창 2:18)의 관계로 이해해야 한다는 것이다.

한편 영어성경 NIV성서에서는 돕는 자의 역할을 한걸음 나아가 남녀 모두에게 동일하게 적용하고 있다. "I will make a helper suitable for him." 즉 이미 완벽해진 상태에서의 결합이 아닌 서로에게 도움을 주는 '적합한 도움자(a helper suitable)' 간의 결합을 뜻한다.

신랑, 장인, 장모의 의미

히브리어로 신랑은 할례받는 자(Clrcumclzed), 장인은 할례 베푸는 자(Clrcumclzer), 장모는 할례 베푸는 자의 여성형이다.[45] 난 지 8일 만에 행하는 할례는 '이 아이를 집어넣는다'라는 뜻이다. 할례는 계약백성이 된다는 표시로 그는 하나님의 법을 배우고 그 계약을 받아들이게 된다. 그러나 그가 완전한 계약백성으로 받아들여지는 것은 결혼

---

44) 홍순성, 『하나님이 원하시는 결혼과 가정사역』(서울: SLS 크리스천리더, 2007), p.19.
45) 권병기, 「전통유대인의 결혼예식 절차 결혼세미나 자료」, p.2.

으로만 가능하다.[46]

부모는 한 남자에게 자기 딸을 주기 전 그의 능력(공급자, 보호자, 인도자, 교육자)뿐 아니라 그의 신앙(할례)까지 보게 된다. 한 가정의 가장으로서 하나님 앞에 그 책임을 다할 수 있는지 보는 것이다. 즉 제사장과 레위인들이 그가 가정의 제사장으로서의 직분을 다할 수 있는지를 조사한다면, 장인과 장모는 그 청년의 할례 여부를 철저히 조사해 보았던 것이다. 이후 딸의 결혼을 승락한다면 비로소 신랑과 신부는 '할례받은 자(Clrcumclzed)'가 되는 것이다.

유대인의 성경적 결혼

유대인들은 결혼을 창조 때부터 하나님에 의해 제정된 사회를 구성하는 기본단위로 여긴다. 구약성경 창세기 2장 18절, 24절에 근거하여 남자 혼자 두는 것을 좋지 않게 여겨 하나님이 여자를 만드셔서 그들로 하여금 가정을 이루게 하셨다고 한다. 그래서 유대인들은 아내를 갖지 않으면 행복하지 않고 하나님으로부터 축복도 없으며 선행도 쌓이지 않고, 인간이 아니라는 사상을 가지고 있다.

케투바(결혼계약서) 작성[47]

이스라엘인은 결혼을 할 때 신랑이 신부에게 '결혼계약서'를 준다. 히브리어로 '케투바'라고 부르는 결혼계약서는 여성을 보호하고자 하는 제도이다. 고대 근동사회는 남편이 쉽게 아내를 내쫓아 버릴 수

---

47) Ibid., p.7.

있었다.[48] 그렇지만 유대인 사회는 약자인 여성을 보호하는 제도가
있었다.[49] 만일 남편이 아내와 이혼을 하거나 아내를 내쫓으려면 결
혼계약서에 명시되어 있던 금액을 지불해야만 했다. 결혼할 때는 돈
을 지불하지 않지만 이혼을 하려면 큰 액수를 지불해야 하는 이 규정
은 힘없는 여성을 보호하기 위한 장치이다.

케투바는 보통 달력 크기로 양피지를 사용해 만들었으나 요즘은
종이를 사용한다. 케투바의 맨 위에는 왕관이 그려져 있는데, 거기에
는 '현숙한 여인은 남편의 왕관'이라고 히브리어로 쓰여 있다. 양쪽으
로는 신랑과 신부의 그림이 있고 신랑신부 아래로 12개의 별자리가
그려져 있다. 중앙에 산으로 둘러싸인 예루살렘의 전경(황금의 성전
과 도시)이 그려져 있고, 그림 위에는 "산들이 예루살렘을 구름과 같
이 영원히 너를 지키시리로다"라는 구절이 기록되어 있다. 결혼계약
서는 언제 어디서 신랑신부가 결혼했다는 글로 시작된다. 그리고 신
랑신부가 지켜야 할 의무, 주고받은 패물의 명세 등이 기록되고, 신랑
신부와 증인들이 서명한다.[50]

후파 결혼식

유대인의 결혼예식은 '후파'라고 불리는 닫집 모양의 차양 밑에서

---

48) Ibid., p.19.

49) 여성을 보호하는 또 다른 제도는 결혼 전에 신랑은 신부의 아버지에게 결혼지참을 준비하여야 한다. 이 지
참금은 딸이 과부가 되거나 이혼하게 됐을 경우를 위해 보관된다. 이 결혼지참은 신부의 아버지가 이자를
활용할 수 있었지만 사용할 수는 없었다. 신랑이 돈을 지불할 형편이 되지 않으면 일로 봉사해야 했다.(창
29:18)

50) Ibid., p.20.

행해진다. 신랑신부의 친구들이 네 개의 장대를 붙잡아 후파를 지지하고, 신랑신부는 그 밑에 서서 결혼예식을 진행한다. 원래는 신랑신부를 위하여 따로 준비한 신방을 가리켜 '후파'라고 했으나 중세기부터 오늘날처럼 사용되기 시작했다.

당시 유대인들은 결혼은 될 수 있으면 많은 어린이들의 축하를 받는 것이 복되다고 믿었다. 그렇기 때문에 대부분의 결혼예식은 아이들이 많이 모일 수 있는 시장이나 야외에서 행하여졌다.

결혼 축복 기도가 끝나면 신랑과 신부는 이 후파 아래로 이동해 결혼예식을 올린다. 이때 신랑과 신부는 머리 위에 옷이나 탈릿(기도용 숄)을 덮는데, 이 관습은 룻기 3장 9절의 '당신의 옷자락으로 시녀를 덮으소서'와 에스겔 16장 8절의 '내 옷으로 너를 덮어'에서 비롯됐다.

16세기부터는 아쉬케나즈 유대인들이 회당의 마당에서 결혼식을 올리는 것이 관습화됐다. '후파'에는 히브리어 글자나, 해, 달, 별의 그림이 그려져 있는데, "새로운 커플의 자녀들이 하늘의 별과 같고 바닷가의 모래와 같게"(창 22:17)되기를 바라는 의미이다. 수놓은 글귀의 천장 부분에는 "온 이스라엘이 들을 것이다!"라고 쓰여 있다.

결혼반지 – 슈라못(온전한)

전통적으로 유대인의 반지는 아무런 흠이 없는 금속으로 만들어진 것이어야 한다. 금, 은, 동 금속이면 모두 된다. 그러나 반지에는 보석을 박은 것은 금지되어 있다. 보석을 박으려면 금속에 흠을 내거나 구멍을 뚫어야 하기 때문이다. 결혼반지는 무흠무결해야 하는데 보석을 박으면 오히려 반지에 흠이 생기고 반지의 온전성이 깨어지므로 결혼반지로서의 가치를 잃게 된다는 것이다.

이 전통 반지는 결혼반지의 가치를 가격으로 따지는 것을 막기 위함이다. 이렇게 결혼을 위해 준비하는 보석이 박히지 않은 단순한 반지를 가리켜 '슈라못' 반지라고 하는데 이는 우리말로 '온전한 반지'라는 뜻이다. 히브리어 '슈라못'은 '온전성'을 의미한다. 이 반지는 신랑신부가 하나 됨을 상징하는 것이다(창 1:28).

그 밖의 결혼 풍습들

결혼 전 신랑신부의 금식

유대인의 전통에 의하면 결혼식 날은 신랑신부의 모든 죄가 용서되는 날이며 새로운 삶이 시작되는 날이다. 이 때문에 신랑신부는 결혼식 전날 저녁부터 다음날 예식이 끝날 때까지 하루를 경건한 마음으로 금식을 한다. 그래서 유대인의 결혼식은 대개 늦은 오후에 행하여진다. 그들의 금식이 하루가 끝나는 해지는 시각에 끝나기 때문이다.

신랑신부는 대속죄일에 입는 '키텔'이라는 흰색 가운을 입는데 대속죄일처럼 결혼식을 통해 그들의 죄가 온전히 용서받는다는 의미를 갖기 때문이다. 흰색은 순결을 상징하며 죄의 용서를 나타낸다. 이제 깨끗해졌으므로 결혼 이후로는 깨끗하게 살 것을 다짐하는 것이다.

베데켄

신부가 결혼예식을 준비하며 친구들에게 둘러싸여 앉아 있을 때, 신랑은 신랑 친구들에게 둘러싸여 예식에 필요한 서류에 서명을 한다. 서명이 끝나면 신랑의 친구들이 신랑을 중심으로 춤을 추며 신랑을 의자에 앉아 있는 신부에게로 인도한다. 신랑은 신부에게 다가가 신부의 베일을 들어 올려 신부의 얼굴을 확인하는데 이것을 베데켄이라 한다. 이때 주례자는 "우리 누이여! 너는 천만인의 어미가 될 지어다"(창 24:60)라는 성구를 낭송한다.

이렇게 하는 것은 야곱이 라헬을 사랑했지만 결혼 후 일어나 보니 라헬이 아니라 레아였다는 사실에서 기원한다. 결혼식 전에 신부의 얼굴을 확인하여 그런 실수를 막으려는 의도에서 세워진 전통이다.

신랑의 토라 봉독

결혼을 앞둔 신랑은 결혼식 전 샤밧(유대인의 안식일) 아침 예배 시 토라를 읽는 특권이 허락된다. 이때 토라를 읽고 내려오는 신랑에게 사탕이나 건포도를 뿌린다. 이는 신랑과 신부가 달콤하고 행복하게 살기 원하는 풍습이다.

유대인들은 결혼식에 참석해서 지켜야 할 가장 큰 책임은 신랑신부를 최대한 즐겁고 행복하게 해주는 것이다. '기쁜 마음'을 주는 것은 결혼식에서 유대인들이 준비해야 할 가장 귀중한 선물이다. 결혼식에서는 신랑신부를 어떤 방법으로든지 즐겁게 해주어야 할 책임과 의무가 하객에게 있다.[51]

잔 깨트리기

18세기부터 은잔에 포도주를 따르고 축복하는 것이 일반화됐다. 축복한 유리컵은 아쉬케나즈 회당의 북쪽 벽에 던져서 깨트린다. 회당의 벽에 붙어 들은 후파들 또는 후파 별이라 불리는데 때로는 예레미야 7장 34절의 '기뻐하는 소리, 즐거운 소리'라고 하는 히브리어 첫 글자를 기록하기도 한다.

이러한 관습은 첫째로 유대인의 성전이 깨어진 것을 애도하기 위함이요, 둘째로 일단 산산조각난 유리컵은 원상복구가 불가능하듯 그들의 결혼도 무를 수 없는 영원한 것임을 상기하기 위함이다.

---

51) 최명덕, 『유대인의 이야기』(서울; 도서출판 두란노, 2001), pp.49 – 50.

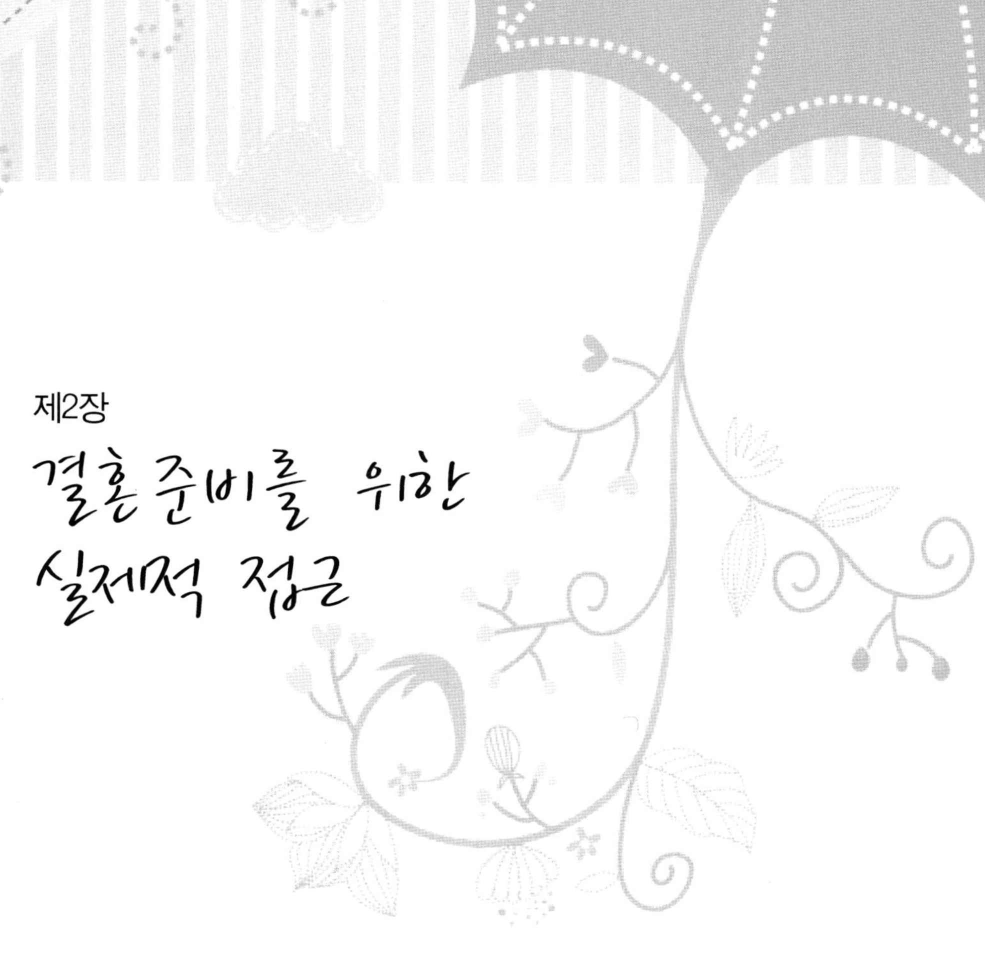

제2장

결혼 준비를 위한 실제적 접근

아름다운 만남을 위한 이성교제

이성교제는 결혼을 위한 예비단계로서 필수적인 과정이다. 현대사회에서의 결혼은 당사자 사이의 탐색하는 과정이 요구되므로 이성교제에 대한 체계적인 준비와 경험이 필요하다. 또한 배우자의 선택결정은 결혼을 이루기 직전의 단계로서 자신의 일생을 통해 중요한 영향을 미치는 의사결정이므로, 이에 대한 충분한 지식을 습득하여 접근해야 한다.

이성교제를 해야 하는 이유

남녀가 이성교제를 해야 하는 첫 번째 이유는 인간에 대한 이해의 폭을 넓힐 수 있기 때문이다. 이성교제를 하면서 서로 다르다는 것 때문에 부딪치기도 하고 갈등도 겪지만 무엇보다 이성을 이해하게 된다. 그러다 보면 차츰 인간에 대한 이해의 폭이 넓어지고 성숙한 사람으로 변해 간다. 이 과정에서 서로는 유사성과 차이점을 배운다. 이러한 과정 속에서 스스로와 상대방의 역할에 대해서 배워가면서 자신의 단점을 개선할 수 있는 동기를 제공받음으로써 미래의 인간관계도 향상시킬 수 있게 된다.

이성교제를 거의 해보지 못한 채 결혼에 이른 경우, 남편을 이해하지 못하고 아내를 이해하지 못하는 경우가 많다. 나의 말 한마디에 저 사람의 기분이 왜 상하는지, 이러한 행동이 왜 상대에게 상처를 주는지 이해하지 못한다. 그렇게 되면 부부는 서로 평생 마음의 상처를 안고 살아간다. 그러므로 이성교제는 단순한 남녀교제의 즐거움의 차원을 넘어 이기적이고 모난 나의 인격을 성숙시킬 수 있는 인격도야의 기회가 된다.

남녀가 이성교제를 하는 두 번째 이유는 이성교제를 함으로써 자신에게 맞는 배우자를 선택할 수 있기 때문이다. 이성교제는 평생을 함께할 배우자 선택의 기초과정으로서, 이성에 대한 관심을 구체화시키고 사랑의 기쁨을 느끼며 서로의 인격을 존중하고 나아가 삶을 함께할 수 있는 배우자를 찾는 것이다. 남녀는 이성교제를 진행하면서, 좋은 배우자를 고르는 방법과 나쁜 배우자를 피해야 하는 이유와 방법을 터득하게 된다.

이성교제를 하면 좋은 점

남녀 간의 이성교제는 우선 즐거운 일이며, 서로를 기다리는 마음은 그들의 생활에 흥미와 새로운 의미를 부여해주기 때문에 이를 통해 남녀는 점차 성숙한다. 이성교제를 통해 남자는 남자답게 여자는 여자답게 성숙한다는 것이다. 여자가 여자끼리 까불고 장난치면서 놀면 그 자신의 여성이 개발되지 않는다. 그러나 한 여자가 남자를 만나 사랑에 빠지게 되는 순간 여성성은 선명해지고 성숙하게 된다. 일명 말 타기 놀이를 즐기며 신나게 놀기를 좋아하는 터프한 여자도 사랑에 빠지면 몸가짐 자체가 조신해진다.

"요즘 왜 이렇게 예뻐지는 거야? 누구 생겼나 봐"라고 말하는 데는 이유가 있다. 여성이 좋아하는 사람이 나타나면 자신도 모르게 자신 안에 잠재된 여성성이 개발되면서 한층 영글고 성숙해지는 까닭에 주변에서 그렇게 말하는 것이다. 평소 말이 없고 내성적인 남성도 이성교제를 하게 되면 그에게 잠재된 남성성이 박력 있게 표출된다. 좋아하는 여성 앞에서도 무거운 것도 번쩍번쩍 들어 올리고, 연약한 자를 향한 포용력도 넓어지게 된다. 이성교제의 힘이 이렇게 놀라운 것이다.

이성교제의 좋은 점으로 또 한 가지는 이성교제는 서로에게 즐거움과 안위를 제공해주기 때문에, 이성교제를 하는 동안 세상은 기쁘고 즐겁다. 이렇게 마음에 즐거움을 안겨 주니까 기쁨이 찾아오고 마음의 안정감이 느껴진다. 회사에서 아무리 힘들게 일을 해도 그날 저녁 좋아하는 사람을 만날 수 있다는 생각에 참을 만하다. 이는 이성교제에서 웃음과 격려, 따뜻한 정감, 삶의 진정한 의미, 정신적인 평화 등을 느낄 수 있기 때문이다.

이러한 점에서 젊은 시절에는 이성교제를 적극적으로 해볼 만하다. 그렇다고 해서 아무하고나 아무 때나 하라는 말은 아니다. 이성교제의 목적이 무엇인지 분명하게 알지 못하고 무분별하게 이성교제를 하는 것은 바람직하지 않다. '젊은 날의 특권이니까 일단 아무나 만나 그 시간을 즐기자'는 식으로 이성교제를 하다 보면 자신과 상대방 모두 망칠 수 있다.

이상적인 이성교제 원리 – 데이트와 구혼과정

흔히들 이성교제 하면 데이트와 구혼과정을 함께 혼용해서 쓰고 있으나, 이성교제는 결혼에 대한 언급을 내포하지 않아야 된다. 그래서 데이트(dating)와 구혼과정(courtship)은 엄밀히 말하면 다소의 차이가 있으니 구분된다.[52]

데이트(dating)

데이트란 날을 잡아서 남자와 여자가 연극이나 음악회 내지 야유회를 함께 가는 정도의 가벼운 사교적 만남으로 반드시 일대일일 필요는 없다.[53] 따라서 데이트는 상대를 한 사람으로 한정하지 않고 여러 이성과 두루두루 사귀는 것이다. 그러다 헤어지고자 할 때도 부담없이 헤어지는 것이다. 이러한 데이트 과정에서 '대화가 통하고 감정과 삶의 가치관이 일치하는 특정인으로 범위를 좁혀 구혼과정을 이루어 나가는 것이 이상적인 남녀교제'이다.[54]

데이트 과정에는 원칙이 있다. 먼저 데이트를 하는 이성이 자신과

---

52) 안빈 · 안혜선 · 김상연, op.cit., p.93.

53) 하정완, 「만남의 축복을 누리기 위하여」(빛과 소금, 1997년 5월호).

54) Ibid., p.93.

만 이야기하고 친해야 하는 '소유의 대상'이 아니라는 것이다. 즉 교제하는 이성이 자신만의 소유의 대상이라는 생각에서 벗어나야 한다.[55] 사귀고 있는 이성 친구는 동성 친구와 마찬가지로 여러 친구 중 하나이며, 상대방의 정신적, 정서적, 신앙적 성장을 위해 도움이 되어줄 수 있는 대상으로 보아야 할 것이다. 동성 친구와 마찬가지로 우정을 나누는 것이다. 그래서 결혼에 대한 언급이 내포되지 않은 이러한 데이트 과정에서는 가벼운 스킨십조차 허용되어서는 안 된다.

a. 그룹 데이트

이는 남녀교제에 경험이 없고, 남녀교제에 익숙하지 않은 청년들에게 적합한 형태로, 대학 동아리나 종교모임(교회) 등에서 남녀가 만나 이야기를 하는 것이다. 이러한 그룹 데이트의 장점은 교제할 때 편안하고 부담이 없다는 데 있다.

b. 임의 데이트

이는 남녀가 한 사람하고만 지속적으로 만나는 것이 아니라 자유롭게 여러 사람을 만나 교제하는 것이다. 임의 데이트의 장점은 다양한 사람들과의 교제를 통해 상대방의 개성을 이해하는 인간관계 훈련을 할 수 있다는 것이다.

c. 규칙적인 데이트

남녀가 감정이 가까운 특정한 한 사람과 지속적이고 규칙적으로

---

55) 국정도서편찬위원회, 『도덕1』(서울: 지학사, 2001), p.272.

만나는 형태로 구혼과정으로 이르게 되는 단계이다. 규칙적인 만남을 갖다 보면 서로가 즐겁고 마음이 편안하며 부담스럽지도 않다. 이렇게 서로의 공감대가 조금씩 형성되어 가면 멋진 배우자 선택의 기초가 마련되고 있다는 징조이다. 그러나 데이트를 할 때마다 '지겹다, 부담스럽다, 별 의미가 없다'는 마음이 가슴속에 있으면 나의 배우자가 아님을 직감할 수 있다.

규칙적인 데이트를 하게 되면 주변의 많은 사람들에게 연인으로 비칠 수 있다. 이러한 교제는 단둘이 만남으로써 관계가 급속도록 전개되어 서로가 구속감을 느낄 수 있기 때문에 애무와 같은 성적 행동이 일어날 수 있다.

구혼과정(Courtship)

데이트는 교제 자체를 즐길 수 있고 상대도 한 사람에 한정되지 않으며 헤어질 때도 자유로운 데 반해, 구혼과정은 그동안의 데이트 과정을 통해서 상대가 한 사람으로 한정되어 결혼을 목적으로 하는 교제로, 둘만의 친밀한 교제가 이뤄지므로 그만큼의 책임도 수반된다.

구혼과정은 데이트 단계에서 서로 대화가 잘 통하는지, 서로 성품이 맞는지, 비전이 맞는지 그리고 나와 신앙 성향이 비슷한지 등을 살펴보고, 삶의 가치관이 일치하는 이성을 발견하면 그 사람과 결혼을 목표로 교제하는 것이다. 이는 결혼을 전제로 한 친밀한 교제이므로 서로의 말과 행동에 책임이 따르게 된다. 그러므로 이상적인 이성교제는 데이트 과정의 절차를 밟아서 차차 구혼과정으로 가는 것이 좋다.

그러나 구혼과정은 청소년 및 20대 초에는 바람직하지 않다. 신앙적 성숙으로 인격적 안정이 어느 정도 이루어지고 난 후에 이루어지는 것이 좋다. 그렇지 않으면 신앙생활뿐 아니라 대인관계와 학업 모두에 소홀해져 자기 발전의 기회를 놓칠 수 있다. 또한 너무 일찍 커플이 되면 교제 범위가 축소되어 다른 인간관계를 형성할 기회를 잃게 된다. 그리고 일찍 커플이 되면 깨질 위험도 높다. 사회학 통계자료에 따르면, 대학교 저학년 시기에 만난 커플이 깨지지 않을 확률은 5~10%이며, 대부분 사회생활 1~2년차 때 헤어진다.[56]

이성교제(연애)를 잘하는 방법

이성교제에서도 부익부 빈익빈 현상이 나타난다. 누구는 이성 친구들이 많은데 또 누구는 어제나 오늘이나 싱글이다. 누구를 소개해 주어도 얼마 못 가 또 싱글로 다닌다. 그럼 왜 이렇게 매번 보아도 싱글로 남아 있을까? 연애도 기술인데 연애에 필요한 기술이 없기 때문이다. 그래서 이성교제는 잘하는 사람은 누구를 만나든지 잘하고 못하는 사람은 항상 못한다. 이성교제를 잘하기 위한 몇 가지 원칙을 살펴보자.

---

56) 박준오, 「사랑의 교회 대학3부 이성교제에 대한 강의안」, p.8.

이성교제(연애)를 잘하는 사람

a. 배려를 잘한다

배려는 상대를 편하고 행복하게 한다. 연애를 잘하는 사람들을 보면 배려를 잘한다. 배려를 잘하는 사람은 이해심이 많고 양보를 잘하고 자기중심적으로 생각하지 않는다. 이를테면 이성교제에서 레스토랑 미닫이문을 나설 때 남성이 먼저 나와 뒤따라오는 여성을 위해 문을 잡고 기다려주는 여유, 이것도 작은 배려이다. 이 작은 배려(매너)가 없어 뒤에 나오던 여성이 문에 얼굴을 부딪쳐 헤어진 커플도 있다.

b. 공통의 관심사가 있고, 공통의 관심사로 대화한다

'유유상종'이란 말이 있다. 사람들은 끼리끼리 어울린다는 말이다. 서로 친하게 지내는 사람들은 대게 취향, 성격, 생활환경, 종교적 신념 등이 비슷한 경우가 많다. 특히 다정다감한 연인들을 보면, 그들이 즐겁게 보낼 수 있는 공통의 취미가 있다. 그러니 연애를 잘하려면 상대의 마음을 사로잡을 수 있는 공통의 관심사를 찾아야 한다. 없으면 만들어야 한다. 상대방이 독서가 취미라면 유명한 베스트셀러 책은 반드시 읽어야 한다. 영화감상이 취미라면 최신영화나 명작영화를 찾아보아야 하며, 애완견을 기른다면 애완견에 대한 지식을 습득해야 한다. 상대의 관심사를 화제로 삼아 "나도 당신과 같은……"이라고 말하면 상대와의 거리가 한결 가까워질 것이다. 사람들은 자기와 공통점이 없고 자기와는 뭔가 다른 사람은 경계하며 적대시하는 유전적 프로그램을 가지고 있다.

c. 사랑의 표현을 잘한다

남자나 여자는 누구나 '사랑한다' 혹은 '좋아한다'는 말을 듣고 싶어 한다. 나도 그렇고 여러분도 그럴 것이다. 그러나 "그걸 꼭 그렇게 해야 해?" 하면서 표현하기를 꺼려하는 사람이 많다. 그러나 그건 아니다. 연애 중에 상대로부터 점수를 딸 수 있는 가장 좋은 방법은 자신의 사랑하는 감정을 상대방에게 전달하는 것이다. 사랑은 마음으로만 간직하고 있으면 안 된다.

그래서 에리히 프롬(Erich From)은 "사랑은 우연히 생기는 것이 아니라 배우고, 실천하고, 갈고닦아야 하는 기술"이라고 했다. 사랑하는 감정을 전달하려면 연습을 해야 한다. 작은 액세서리라도 좋으니 선물로 마음을 전해보자. 생일날에는 "생일 축하해!"라고 표현하는 것이다. 받은 사람은 가만히 있으면 안 된다. "아, 근사하고 멋진데"라고 하자. 누가 뭐라 해도 괜찮은 것이다. 이렇게 표현하지 않은 사랑은 상대에게 감동을 주지 못한다. 사랑은 마음에서부터 시작하지만 그냥 마음에만 머물러서는 안 된다. 언제나 손과 발을 거쳐 상대방을 향한 구체적 행위로 이어져야 한다. 진짜 사랑은 손끝에 있기 때문이다.

d. 자기주장이 있다

대학에서 많은 남학생들에게 물어보았다. "어떤 여성이 호감이 가느냐" 했더니, 자기주장을 가지고 있는 여성이 좋다고 했다. 남자들은 생각 없이 무조건 따라오는 여자보다 자기주장을 가지고 행동하는 여자를 좋아한다. 그런 것 없이 무조건 남자에게 따라오는 여성은 상대적으로 매력이 떨어진다고 한다. 물론 남성도 마찬가지로 자기주관 없이 여성이 하자는 대로 그냥 따라가면 매력이 없다.

자기주장이 없는 여성(남성도 포함)의 특징은 사랑하는 사람과의 데이트에서 무조건 상대방에 맞추려고 한다는 것이다. 상대방의 기분과 감정 상태, 분위기, 상황에 무조건 맞추려다 보니 정작 자신이 원하는 것이 무엇인지 알지 못한다. 혹 관계가 깨어질까, 상대방의 기분이 상할까를 염려하는 것이다.

이렇게 자기주장 없고 무조건 남자한테 잘해주려다 헤어진 여성에 관한 이야기가 있다(최대복, 『너는 내 갈비뼈』). 교회에서 오랫동안 리더로 봉사했던 자매(여성)와 교제했던 형제(남성)가 있었다. 이 자매(여성)는 교제를 하는 동안 만날 때마다 데이트 비용을 내고 매일 남자의 밑반찬을 챙겨 주었다. 싸우기라도 하면 항상 먼저 전화해서 사과를 하고 남자가 하자는 대로 모두 따랐다. 그런데 결국 이들은 헤어졌다. 왜 헤어졌느냐는 질문에 그 형제 왈 "이건 여자 친구가 아니고 완전 어머니 같다"는 것이다.

이처럼 자기주장 없이 "난 이 사람을 사랑해, 이 사람이 없으면 살수 없어! 내가 잘해주지 않으면 이 사람은 나를 떠날 것이다"라고 하며 쩔쩔 매는 여성은 매력이 없다. 때로는 배짱도 필요하다. "나는 나자신을 믿으니까 네가 떠나도 난 잘살 수 있어"라는 여유가 있어야 한다.

그렇다. 이성교제(연애)를 잘 못하는 사람은 상대에게 무조건 맞추려 한다. 그러지 말고 자기주장을 가지고 연애를 해보자. 어머니처럼 행동하지 말자. 물론 어머니 같은 여자를 좋아하는 남자도 있겠지만, 보통 이러한 여자는 부담스럽고 매력 없는 여자로 취급받는다. "나도 여자야, 나도 사랑받고 싶어"라고 투정도 부릴 수 있어야 한다.

e. 유머감각이 있다

처음 만나는 맞선자리에서나 데이트에서는 과묵한 남자보다 웃게 해주는(유머 있는) 남자가 훨씬 더 인기가 있다. 실제로 재미있다는 이유 하나만으로도 그 남자를 사랑한다는 여자도 많다고 한다. 첫 만남에서 나로 인해 상대 여성이 웃었다면, 반은 넘어왔다 해도 좋다. 이처럼 웃음은 연애에 있어서 소기의 목적을 달성하게 해준다.

긴장된 상황에서 가장 먼저 사라지는 것이 웃음이다. 하지만 아무도 웃을 수 없는 상황에서도 웃음을 줄 수 있는 남성은 여성에게 호감을 줄 수 있다. 웃는 모습은 보고만 있어도 전염된다. 근데 '내가 무슨 수로 사람들을 웃겨'라고 생각하는 사람들이 많다. 그렇다고 너무 실망할 필요는 없다. 웃기지 못하면 웃는 쪽을 선택하면 된다.

유머가 있는 사람보다 더 인기 있는 사람이 자기를 보고 잘 웃어주는 사람이다. 특히 남자들은 웃기는 여자보다 잘 웃어주는 여자에게 끌린다. 남자들의 입장에서는 유머 감각이 있는 여자란 남자의 말에 잘 웃어주는 여자일 수 있다. '소문만복래'라는 말이 있다. 웃는 문으로 만복이 들어온다는 뜻이다. 이제부터라도 웃으면서 연애하자.

연애를 못하는 사람은?

a. 얼굴이 굳어 있는 사람

유머감각도 없는 주제에 그나마 웃지도 않는다. 얼굴이 굳어 있으면 이성교제에서 빵점짜리로 치명적이다.

b. 자기 말만 하는 사람, 사오정 같은 말만 한다

대화란 서로 주거니 받거니 하는 것인데, 자기 말만 하는 사오정 같은 사람이 있다. "요즘 걸프만이 참 어려운데"라고 하니까, "뭐라고라? 골프 치기 어렵다고라?" 이러한 식으로 나오면 그 사람은 '꽝'이다.

c. 여자들이 싫어하는 행동을 찾아서 하는 남자

출구조사하는 남자를 참 싫어한다. 만날 교회 이야기만 하는 남자, 첫 만남부터 거창한 결혼 설계와 자녀교육에 대해 늘어놓는 남자……. 첫 만남에서는 가벼운 담소를 나누거나 부담 없이 즐기다 헤어져야 한다. 가미가제식으로 무식하게 대시하는 남자도 있다. 열 번 찍어 안 넘어가는 나무 없다는 말은 진리가 아니다. 남녀 관계에 있어 여성들은 자신을 보호하고자 하는 본능이 있으므로 거칠고 성급한 접근은 금물이다. 처음엔 특별한 감정을 가지고 접근한다고 느끼기 힘들 정도로 천천히 다가가야 한다.

d. 남자들이 참 싫어하는 여자 스타일도 있다

잘난 체하는 여자는 남자들이 가까이 하기엔 너무나 힘든 당신이다. 걸핏하면 고대 철학사조에 대해 논하고, 식사비용을 자신이 내겠다고 우기는 여자들은 남자 입장에서 부담스러울 수 있다. 듣자 하니 이러한 여성과 밥을 먹으면 소화가 안 된다고 한다. 사람들은 원래 못난 사람이 잘난 체하면 애교로 봐주는데, 좀 안다는 사람이 잘난 체하면 아주 싫어한다.

이성교제에서 자신의 점검사항

자신의 삶을 잊어버리지 말자

이성교제를 거듭 실패하는 사람들을 살펴보면 다 그럴 만한 이유가 있다. 그들에게는 자신의 삶이 없다는 공통점이 있다. 이성교제에 모든 에너지와 열정을 쏟아 붓다 보니 정작 자기 자신을 잃는 것이다. 자신의 가치와 직장생활, 취미뿐 아니라 신앙생활마저도 뒷전으로 하고 교제에만 매달리면 자연히 '자신의 삶'이 없어진다. 만약 자신의 삶이 없다면 이성교제 아니 결혼을 하더라도 행복은 보장할 수 없다. 왜냐하면 세상의 그 어떤 사람도 자신이 원하는 만큼의 행복의 욕구를 충족해줄 수 없기 때문이다.

단지 이성교제와 결혼이 외로움을 달래기 위한 목적이라면 또 다른 갈등을 야기할 수 있다. <u>이성교제를 잘하는 사람은 자기의 삶에 충실하고, 홀로 있어도 행복한 사람이다. 홀로 있을 때 행복하지 않으면 둘이 있을 때도 행복할 수 없다.</u>

이미지 메이킹을 잘하고 있는가?

유대인의 격언에는 이러한 말이 있다. "상중에 있는 처녀는 화장을 해서는 안 된다. 그러나 그와 결혼할 청년이 방문하면 상중이라도 화장을 하라."[57] 실제로 유대인들은 자신의 외모의 아름다움을 잃지 않

---

57) 이윤재, 『광야의 영성』(서울: 콤란출판사, 2002), p.206.

으려고 애쓴다. 하나님은 사람의 마음의 중심을 보지만 사람은 외모를 먼저 본다. 미팅과 맞선자리에서 사람들은 첫인상을 제일 먼저 본다. 보통 2~3분이면 그 사람에 대한 첫인상이 형성된다고 한다. 그때 사람들이 가장 중요하게 취급하는 정보는 사람의 외모와 복장과 같은 겉모습이라고 한다. 겉모습을 통해 그 사람의 가정환경, 경제적 배경, 성격, 신분을 판단하는 경우가 많다. 사실 여부는 나중의 문제이다. 일단 이성교제에 앞서 불쾌감을 줄 수 있는 얼굴의 흉터나 누런이, 불규칙한 치열, 악취 등을 체크하고, 피부색에 어울리는 색깔의 옷을 골라라. 얼굴형에 어울리는 헤어스타일과 밝은 색의 옷, 적절한 화장도 중요하다.

건전한 자아상을 지니고 있는가?

사람이 나이를 먹으면 신체적으로 성숙한 성인의 모습이 된다. 그러나 실제로 신체적인 성숙을 겪었음에도 불구하고, 심리적으로 성숙하지 못해 마음속에 여전히 어린 아이가 존재하여 말과 행동과 사고를 어린아이처럼 하는 경우가 있다. 이를 두고 '성인아이'라고 한다. 이는 그 사람의 '자아상'이기도 하다.

만약 자아상이 문제가 있다면 반드시 치유(치료)받아야 한다. 건전한 자아상을 가지지 못한 사람은 상대방의 좋은 것은 보지 못하고 매사에 상대방의 약점만 보게 된다. 그 약점을 자꾸 송곳(입)으로 찌르고 아프게 하니, 결국 좋은 사람도 나쁜 사람이 되게 하고 행복도 빼앗아 버린다.

그런데 문제는 이렇게 좋지 못한 사람도 이성교제에는 다 좋게만 보이고 내면이 보이지 않는다(자신을 감추고 속이고 잘해주니까). 어릴 때 상처는 이성교제 시에는 잠복해 있다가 보통 20~30년 후에 나타난다.[58] 청년 시절에는 전혀 문제가 없다가 결혼을 한 삼십대 또는 사십대 정도에 주로 나타난다.[58] 청년 시절 연애할 때는 모든 것이 문제없어 보이고 성숙한 인격체로 보이다가 결혼 후 가장으로서 사회적, 경제적 지위와 능력을 갖추었을 때쯤 본색이 드러난다.

반면에 건전한 자아상을 가진 좋은 사람은 항상 상대의 좋은 점만 보이고 나쁜 점은 보이지 않기 때문에 좋은 말과 좋은 행동을 한다. 이러한 사람과 같이 있으면 언제나 행복하다. 그리고 더 중요한 것은 이렇게 좋은 사람은 주위에 항상 좋은 사람들이 차고 넘친다는 것이다. 그래서 인생이 더욱더 행복해지고 사회생활에서도 성공하게 된다.

그럼 '자아상'은 무엇일까? 자아상이란 자기 자신이 가지고 있는 믿음과 생각과 행동이 합쳐진 것을 '자아개념' 또는 '자아상'이라고 한다. 이를테면 '나는 뭐든지 할 수 있는 자신 있는 사람', '나는 매사에 자신이 없는 소심한 사람' 등과 같은 것이다. 이와 같은 자아상은 자신의 과거에 있었던 좋은 일, 나쁜 일 들이 모두 모여 형성된 것으로 현재의 삶까지 영향을 미친다.[59]

a. 긍정적인 자아상의 특징

자신의 존재를 즐거이 수용하고 자신의 약점까지 수용하여 자신의 주장이나 견해가 틀렸을 경우 기꺼이 수용하는 것이다. 이를테면 긍정적인 자아상을 가지고 있는 사람은 '명예퇴직'이라는 위기에 처했

---

58) http://happymaker.net/main.htm

59) 추부길 · 김정희, 『가정사역 워크 북』(서울: 크리스천 치유 목회연구원, 1997), p.188

을 때에도 '새로운 도전의 기회'로 받아들인다. 그러나 부정적인 자아상을 가진 사람은 "이제 인생의 끝"이라는 절망감으로 받아들이게 된다.

b. 부정적인 자아상의 특징

자신을 무가치하게 느껴 열등감에 시달리는 것이다. 자신을 받아들일 수도 없고 다른 사람들도 거부하는 경향이 있다. 매사 열등감에 사로잡혀 있고, 지나치게 꼼꼼하고 완벽하며 고집이 세다. 그리고 특히 분노가 심하다. 분노의 괴물이 내면에 숨어 있다가 이따금씩 튀어나와 사람들을 괴롭힌다. 이러한 분노는 평상시에는 수면 아래 잠재되어 있다가 자신이 기대했던 일이 좌절되거나 불의한 일을 당하면 튀어나온다. 사소한 일에도 분노를 폭발하고 시간이 지나면 죄책감에 빠져 호의를 베푸는 과정을 계속 반복한다. 이러한 사람은 성숙한 인간관계를 맺지 못한다. 이러한 의식을 가진 사람들은 이성교제와 결혼생활에서 문제가 심각하다.

그 원인은 성장과정에서 부모의 잦은 싸움과 이혼, 차별대우와 인격적 무시, 부모의 엄격한 통제와 과잉보호 등 주위 사람, 특히 부모의 영향으로 인해 생긴 이상 성격이다. 일단 형성된 자아상은 쉽게 변하지 않는다. 이는 새로운 경험과 학습에 의해 서서히 변하게 되므로 예수 그리스도와의 인격적 만남과 독서와 교육을 통해서 해결할 수 있다. 그리고 마음의 문을 열고 타인에게 다가가서 자기 자신을 오픈하는 자아 개방(Self-Disclosure)을 해야 하는데, 이때는 반드시 주변 사람의 피드백(feedback)[60]이 필요하다. 안정된 인격과 건전한 자아

---

[60] 피드백(feedback)은 상대방에게 그가 다른 사람들에게 어떻게 비쳐졌는지에 대해 솔직하게 알려주고 지적해 주는 것이다. 이러한 피드백을 통해서 궁극적으로 자신이 잘 모를 수 있는 모습을 객관적으로 알려주

상은 이성교제 전 자신은 물론이거니와 타인에게도 반드시 검증받아
봐야 한다.

이성교제에서 상대방의 점검사항

정서적으로 건강한 사람인가?[61]

a. 애정결핍증

애정결핍증은 어려서 부모한테 사랑받지 못한 자녀나 고아, 결손
가정의 자녀들에게서 많이 나타나는 증상이다. 이러한 사람은 언제나
외톨이로 자랐을 가능성이 많다. 사랑을 흡족하게 받은 기억이 별로
없을 것이다. 그러다 보니 애정결핍증을 지닌 사람은 자신에게 사랑
을 주는 사람에게 모든 것을 다 주려고 한다. 한 번도 느껴보지 못한
사랑을 그 사람에게 받았기 때문에 모든 것을 바쳐서라도 그 사랑을
지키려고 한다. 여성의 경우 사랑하고 잘해주는 남자에게 몸과 마음
도 다 쏟는다.

이러한 사람은 이성교제를 할 때도 스토커와 같은 수준으로 집착
을 보이거나 쉽사리 위험한 사랑에 빠져 든다. 이성에 대한 집착이
보통 사람보다 더 강하기 때문에 상대방을 구속하려거나 지나치게
헌신적이어서 상대에게 부담을 안겨준다. 이러한 경우 결혼 후 의부
증이나 의처증을 보일 확률이 높다.

게 된다.

61) 안빈 외 2명, 『아름다운 결혼으로의 초대』(서울: 삼성북스, 2002), p.125.

b. 분노조절 미숙[62]

분노감은 권위로부터 반복적으로 부적절한 대우를 받았을 때 발생한다. 자신은 크게 잘못한 일이 없는데 아버지에게 계속 야단을 맞는 것과 같이 억울한 일을 겪을 때 나타나는 감정이다. 학창 시절, 최선을 다해 노력했지만 1등을 하지 못해서 부모로부터 비난을 받을 경우 아이는 분노의 감정에 휩싸인다. 또 "고래 싸움에 새우 등 터진다"는 말처럼, 결손가정의 아이가 부모의 화풀이 대상이 될 때 분노감이 누적된다.

분노감에 휩싸인 사람은 언제나 불안하여 조금만 건드려도 터질 것 같다. 때문에 아무도 그를 가까이하려 하지 않는다. 이러한 분노는 적절히 조절하지 못할 경우 수많은 이별의 원인이 된다. 분노조절 능력 미숙은 매년 4백만~6백만 건의 배우자 학대로 나타난다. 만약 당신이 분노를 다루지 못하는 사람과 결혼한다면 당신의 결혼은 어떻게 되겠는가?

c. 자기도취

이것은 지나친 자기 숭배를 말한다. 자기도취자들은 언제나 상대의 말에 귀를 기울이지 않고 자신의 욕구와 감정에만 집중하기 때문에 상대에게 집중할 여력이 없다. 자기도취자들은 다른 사람을 돌본다는 것을 믿지 않는다. 그들의 관심은 오직 자신의 행복에 맞추어져 있다.

---

[62] 박수웅, 『우리… 사랑할까요?』(서울: 두란노, 2004), p.26.

d. 정신적 침체와 주기적인 인격 장애

그들은 기분이 상승할 때 야심적이고 낙천적이며 온화하고 정열적이다. 그러나 기분이 하강하면 염세적이고 부정적이며 비판적이고 무기력해져 접근하기 어렵다. 극단적인 기분 변화가 결혼을 무참히 파괴할 수 있다. 만약 상대방이 정신적 침체에 빠져 있다는 의심이 들면 결혼 전 의사를 만나보게 하는 것이 현명하다.

e. 중독증

'중독'은 당신이 건강이나 일, 혹 일차적인 관계에 부정적인 영향을 주는데도 계속 몰두하는 어떤 행동이라고 정의된다. 마약, 일, 약물, 도박, 섹스와 같은 중독은 아주 위험하다. 대게 이러한 중독증에 걸린 사람은 애정결핍증에 시달리는 사람들이 많다. 허전한 마음을 마약, 섹스, 도박, 술로 채우려 하기 때문이다. 이러한 사람은 이성교제를 할 때도 스토커와 같은 수준의 집착을 보이거나, 쉽게 빠지는 위험한 사랑을 한다. 문제는 그들이 스스로 중독이 아니라고 하며 중독 사실을 은폐하는 데 아주 익숙하다는 것이다. 이들은 반사회성 성격장애자이다. 당신이 그들의 중독을 고칠 수 있을 것이라 생각하지 마라. 결혼은 동정과는 다르다.

f. 부모와의 관계

첫째, 정서적으로 독립된 개체로서 부모로부터 자유로운지 예속되어 있는지 살펴보아야 한다. 부모와 계속적으로 친밀성과 연결성을 유지하되 부모가 두 사람의 결혼에 끼어들어 권위적인 태도로 지시하지 않도록 부모와의 관계를 확립해 두어야 한다. 부모가 끼어들 때 결혼은 아주 고통스러워진다.

이러하듯 정서적인 중요성을 인지하지만 지금 정서적으로 건강하지 못하면 어떻게 건강해질 수 있는가의 답은 다음과 같다.[63]

첫째, 정기적으로 당신을 격려해주고 피드백을 주어 당신을 긴장시키는 누군가를 찾아내라. 자신이 자신의 참모습을 알기란 어렵기 때문이다. 내가 모르는 나의 모습을 발견해서 직면(멘토)을 도와 줄 수 있는 어떤 사람이 필요하다.

둘째, 자기 자신의 위치에서 안전감을 느끼도록 도와줄 인간관계를 키워나가라. 우리 모두는 우리 옆에 같이 있으면서 격려해주고 용기를 줄 사람들이 필요하다. 지속적인 지원 체계는 우리가 불건전한 나락으로 빠지고 싶을 때에도 균형을 유지하도록 도와준다. 이것이 바로 우리를 건강하도록 붙잡아주는 것이다. 우리는 진정 건강한 사람으로부터 사랑스럽고 사려 깊은 방법으로 재양육될 필요가 있다. 그는 친구나 가족구성원이 될 수도 있고, 전문 훈련을 받은 심리치료사가 될 수도 있다.

비크리스천과의 이성교제(데이트)

본인의 직업 특성상 주변에 많은 크리스천 청년들이 있다. 이들과 대화를 하다 보면 이구동성으로 받는 질문이 "예수님을 믿지 않는 사람들과 이성교제를 하는 것이 옳은가요?"이다. 대답은 한결같다. "비그리스천과도 이성교제가 가능하다"이다. 앞에서 밝혔듯 이성교제는

데이트와 구혼과정으로 구분된다. 데이트의 궁극적인 목적은 자신의 인격도야와 배우자 선택 과정이지 결혼을 결정짓는 교제는 아니다. 데이트에는 결혼이 언급되지 않으므로 그 상대가 비크리스천일지라도 무방하다.

혹자는 신앙생활에 문제가 있다 하여 이의를 제기하지만, 본인의 신앙교육이 바르다면 문제가 되지 않는다. 그러니까 다양한 가치관과 사고를 형성하는 청소년 및 20대 젊은 시절에는 그리스도인이 아니라고 해서 이성교제를 차단시켜 버리지 말고 두루두루 다양하게 교제할 수 있어야 한다. 폭넓게 두루두루 만나서 이성교제를 하다 보면 종교가 다를 때 무엇이 문제이고, 왜 결혼을 하기 힘든지를 깨달을 수 있기 때문이다.

분명히 성경은 신앙이 같지 않으면 결혼만큼은 '멍에를 같이하지 말라'고 했다.[64] 크리스천 청년들이 신앙이 다른 또는 믿음이 없는 이성친구와 교제하다 보면 왜 결혼하면 안 되는지 익히 깨닫게 될 것이다. 서로는 사물을 보는 세계관이 같을 수 없다. 주요 가치관과 삶의 목표와 목적이 다르며, 종교, 오락, 휴식, 사교 방식에서 이질감을 느낄 수 있다. 자녀양육과 부모 공경, 그리고 물질관리 개념까지도 반대이기 십상이다. 그래서 어떤 일을 결정함에 있어 끊임없이 의견 충돌을 겪게 된다. 의견이 불일치하면 신자의 영의 안녕(安寧)은 깨어지고 또 서로 간의 정서적인 안정도 파괴된다. 이러한 스트레스는 서로의 심력(心力)을 고갈시키고 심신을 쇠약하게 한다. 크리스천 청년들은 이성교제를 하면서 이러한 현실을 스스로 깨닫게 되어 지혜롭고

---

64) 고린도후서 6장 14~16절.

현명한 판단을 하게 될 것이다. 이러한 과정도 결혼으로 가기 위한 하나의 예비 과정이므로 바른 배우자 선택을 위한 과정으로 보아야 할 것이다.

비크리스천 청년과의 이성교제는 다른 측면에서 보면 긍정적인 면이 있다. 그들과 교제하다 보면 성품도 좋고 바른 인격을 지닌 인재들도 얼마든지 만날 수 있다. 단지 크리스천이 아니라고 해서 교제 자체를 단절하는 것은 편협하고 지혜롭지 못한 짓이다. 그들도 얼마든지 그리스도인이 될 수 있다. 지금은 어찌어찌해서 신앙에 무관심하지만 때가 되면 성경과 믿음에 호감을 가질 수 있다. 내가 성경 말씀대로 빛과 소금의 역할을 다하며 크리스천 청년답게 살아갈 때, 그 모습에 감동되어 그도 얼마든지 믿음을 가질 수 있다. 그리고 내가 그 사람을 구원하기 위한 전도자 사명을 받았을 수도 있다. 그들과 데이트를 즐기다 보면 순수하고 신실한 모습에 사랑하게 되는 감정을 가질 수 있다. 그러면 전도해서 더욱 사랑하고, 사랑하니까 결혼하면 된다. 아니면 반대로 사랑하니까 전도해서 결혼하면 된다.

오늘날 교회 내 기독청년들의 남녀 성 비율은 3:7이며,[65] 현실적으로 여성 청년들의 약 50%가 불신자와 결혼한다고 한다.[66] 결혼문제가 심각하다. 그러니 크리스천 청년들의 이성교제를 교회공동체라는 울타리에만 규정짓지 말고 비크리스천과의 열린 데이트도 권장해야 한다.

그러나 성경은 신앙이 다른 사람과의 결혼에 관한 입장이 명확하다. 고린도 후서 6장 14절, 15절에 '그리스도와 벨리알이 어찌 조화되

---

65) 원춘자, 『교회 안의 데이트 어떻게 할 것인가』(빛과 소금, 2004년 5월호), p.33.
66) 박준오, op.cit., p.8.

며 믿는 자와 믿지 않는 자가 어찌 상관하며……'라고 한다. 바울은 의와 불법, 혹은 빛과 어둠은 결코 진정한 사귐과 교감을 가질 수 없으므로 '불신자와는 멍에를 같이하지 말라'고 권하고 있다. 존 칼빈(John calvin)은 '함께할 수 없다'에 대해서 설명한다. 바울의 '함께할 수 없다'는 말은 음식이나 의복, 태양과 비를 공유(共有)할 수 없다는 것이 아니라 불신자는 소유하지 못하고 신자들만이 소유하는 '특별한 재산'이라 하여 그분의 진리를 함께할 수 없음을 뜻하는 것이라고 말했다.[67]

이렇듯 비그리스도인과의 결혼은 동의한 그 순간부터 그리스도인은 믿음이 상실되고 한 몸이 도리어 나누어진다. 여기 나뉨(division)은 결혼생활의 모든 영역에 영향을 미친다. 이러한 요소들 때문에 앤드루 스완슨(Andrew Swanson)은 비그리스도인과의 결혼을 반대하는데 그 이유는 다음과 같다. 첫째는 그들과의 결혼은 삶에 잠재된 적대세력을 위한 결혼이 되기 때문이고, 둘째는 그들과 함께하는 결혼은 당신의 영적인 삶을 끊임없이 방해할 것이기 때문이다.[68] 스완슨은 다음과 같이 결론짓는다. "신자들이 오직 주 안에서 결혼해야 하는 이유는 부부의 연합을 통해서만 그리스도의 참된 목표를 달성할 수 있기 때문이고, 또한 신자들끼리의 결혼이 주님께 영광을 돌릴 수 있는 유일한 길이기 때문이다."

---

67) Dorothy Voshell, op.cit., p.88.

68) 홍일권, 『준비된 결혼이 아름답다』(서울: 생명의 말씀사, 1997), p.54.

배우자 선택하는 방법

이성교제를 하는 것은 자신의 배우자를 선택하기 위한 목적이 있다. 그냥 젊은 시절의 즐거움으로만 끝낼 수는 없을 것이다. 이성교제에서 내게 맞는 좋은 배우자를 선택하기 위해서는 나름대로 지혜와 정보가 필요할 것이다. 이성교제를 할 때 본 이성친구의 모습과 결혼 생활에서의 남편(아내)의 모습은 다르기 때문이다. 배우자 선택에서는 성경적인 배우자 선택과 일반적인 배우자 선택으로 나누어서 이야기하고자 한다.

성경적 배우자 선택

인간에게는 인생에서 매우 중요한 세 가지 결정이 있는데 그것은 '영원을 어디서 보낼 것인가? 무엇을 하면서 일생을 살아갈 것인가? 누구와 인생을 살아갈 것인가?'라고 한다.[69] 그중 누구와 인생을 살아갈 것인가 하는 이슈가 바로 배우자 선택이다. 성경에서는 우리에게 고맙게도 바른 배우자 선택을 위해 필요한 중요한 정보를 제공하고 있다.

> "여호와 하나님이 이르시되 사람이 혼자 사는 것이 좋지 아니 하니
> 내가 그를 위하여 돕는 배필을 지으리라 하시니라."(창 2:18).

창세기 2장 18절에서 '돕는 배필'의 '돕는(עזר, 에제르)'이란 단어는 단순히 '도움을 주다'(시편 121:1)의 의미뿐 아니라, '호위하다'(겔 12:14), '더하다'(슥 1:15)란 의미를 지닌다고[70] 말한 바 있다. 그리고 '돕는 배필'에서 '배필'은 히브리어로 '크네게도(כנגדו)'이다. '크(כ)'는 자격을 나타내는 전치사(as)이며, 끝에 나오는 '오(ו)'는 '그의'라는 소유격 접미사다. 가운데 남아 있는 '네게도(נגד)'라는 단어가 이 말의 핵심인데, 그 뜻은 '반대' 또는 '대칭'이라는 의미를 지니고 있다. 단어 전체의 뜻은 '그와는 반대자처럼 돕는 자'라고 할 수 있다.

종합하면 '돕는 배필'의 원어인 '크네게도'의 뜻은 그 아담(남자)의 배우자는 대조자 또는 반대자, 대칭자라는 말이다. 하나님이 정하신 아담(남자)의 배필은 그와는 대조적인 외모와 반대 성격의 소유자이다.[71] 하와(여자)는 반대이기 때문에, 아담(남자)에게는 보완적인 존재로서 연합이 가능하다. 자신과 대조적인 성격과 라이프스타일을 지닌 배우자는 어쩌면 자신의 가장 연약한 점, 갖지 못한 점을 가장 많이 소유한 최상의 상호보완자인 셈이다.

---

69) 송재명, 「성경적 결혼 예비교육」(미간행, 석사학위청구논문, 침례신학대학교 목회대학원, 2000), p.16.

70) 제자원 편집, 『옥스퍼드 원어대전 제1권』(서울: 성서교제, 2004), p.203.

71) 남병식, 『바이블 문화코드』(서울: 생명의 말씀사, 2006), p.192.

실제로 주변의 이웃을 보면 행복하고 금실이 좋은 커플일수록 서로 대조적인 경우가 많다. 이것은 매우 성경적인 배우자이다. 배우자를 결정할 때 나와는 다르면서 나를 보완해 줄 수 있는 사람이면서, 이미 오래전부터 만나왔던 사람 같은 느낌이 들면 그 사람이 나의 배필이라고 할 수 있다.

하나님의 형상으로 창조된 인간은 서로 보완적인 두 성(性)으로 남성과 여성으로 창조되었으므로,[72] 성경적 배우자는 서로의 부족함을 채워주는 상호작용을 할 수 있는 사람으로 선택함이 좋을 듯하다. 그리고 심령 깊은 곳에 하나님이 주신 진정한 평화가 있는지 분석해 보아 배우자를 선택해야 한다.[73]

일반적 배우자 선택

배우자는 인생의 동반자로서 평생 희로애락을 함께하며 인간관계 형성에도 영향을 미치게 되므로, 올바른 배우자 선택은 행복한 인생의 전제조건이 된다. 개인의 행복을 중시하는 현대사회에서 배우자 선택은 애정, 사랑, 정서적 매력 등 개인이 추구하는 욕구 범위에서 이루어진다. 그러나 어느 사회이든지 배우자 선택이 잘못되어 별거나 이혼을 한 부부들이 적지 않다. 이러한 현실에서 배우자 선택에 대한 바른 지식이 필요하다.

---

[72] John Williams, op.cit., p.38.

[73] 홍일권, 『준비된 결혼이 아름답다』, p.54.

일반적인 배우자 선택 기준

결혼이란 개인과 개인의 결합이므로 배우자 선택 과정에서 인간은 의식적이든 무의식적이든 간에 배우자를 선택하는 몇 가지 동기를 가지고 파트너의 성격과 건강, 경제력, 학력 등 여러 가지 조건을 따지게 된다.

    a. 자신의 생물학적인 욕구와 능력

    b. 그가 현재까지 지녀온 가치관

    c. 그의 가족이나 친구들로부터 받은 직접적인 영향

    d. 그의 신체적·사회적 주위 환경이 제공하는 기회

이러한 동기에 의하여 배우자를 선택할 때 기본적으로 고려해야 할 점이 있다. 첫째, 배우자는 본인이 원하는 사랑하는 사람이어야 한다. 결혼은 사랑이란 감정을 통해서 서로를 원하고 호감이 있어야 한다. 둘째, 배우자는 본인의 필요를 일부분 채워주는 사람이어야 한다. 배우자를 통해서 정서적 안정감을 가질 수 있어야 하고, 경제적으로도 어느 정도의 생활수준을 유지할 수 있어야 한다. 감정은 잘 맞지만, 경제적 안정을 유지할 수 없으면 결혼생활에 어려움이 따르게 된다. 셋째, 배우자는 서로 비슷한 사회적 지위나 환경에 있어야 한다. 상대방과의 비교가 곤란할 정도로 가치관의 편차가 심하고 사회적인 격차가 나는 것은 좋지 못하다.

배우자 선택에서 일반적인 기준은 배경이다. 여기서 말하는 배경이란 집안의 경제적·사회적 지위를 말하는 것이 아니라, 개인이 자라온 양육과정 중의 심리적·감정적 배경을 뜻한다. 외모, 건강, 경제력, 공동의 관심, 행동의 기준 등이 바로 그것이다. 그리고 평생 같이 살아갈 동반자이므로 공동의 인생관, 가치관 또는 생활태도를 갖는 것이 좋다. 또한 개인의 경제력은 교육적 배경, 직업 등과 밀접한 관계를 맺고 있는데, 여기서의 '개인의 경제력'은 부모로부터 받은 유산이나 재산과는 관계없이 스스로 생활해 나갈 수 있는 개인의 경제적 능력을 뜻한다.

다음에서는 위의 배우자 선택 기준을 다시 동질적 요인과 이질적 요인으로 나누어 살펴보고자 한다.

동질적 요소

일반적으로 사람들은 배우자 선택에 있어서 자신과 유사한 조건을 가진 사람이나 자신과 닮은 사람에게 매력을 느끼는 경향이 있는데 이를 '유유상종(類類相從)'이라 표현한다. 연령이나 교육수준, 지능, 사회적 지위, 종교, 인종 그리고 흥미나 태도, 가치관 등에서의 유사성이 배우자 선택의 조건으로 작용하여 비슷한 사람끼리 결혼하는 경향이 있다.

체임버스(Chambers)와 같은 학자들은 신체적 외모의 유사성이 배우자 선택에 영향을 준다고 했다. 이처럼 신체적 유사성을 추구하는 것은 자아도취적 경향의 결과일 수 있어, 자기 부모를 닮은 사람을 배우자로 선택하려는 경향도 일부 엿볼 수 있다. 배우자 선택 기준의 동질적 요인이라는 것은 상대방의 조건이 자신과 비슷한 경우 공감을 유발한다는 요인으로 사회적 지위, 지역적 근접, 연령, 종교 등을 들 수 있다.

a. 사회적 지위

개인의 사회적 지위, 교육수준과 직업, 수입 그리고 부모의 지위 등에 의한 결정으로 배우자로 선택하는 경향이 있다. 그 이유는 유사한 사회계층의 사람들끼리 접촉의 기회도 많고 취미와 생활감정이나 가치관이 비슷해 서로 친숙해지기 쉽기 때문이다.

b. 종교

배우자를 선택하는 데 있어서 사람들은 같은 종교를 가진 사람을 찾는 것이 일반적이다. 이것은 종교가 전반적으로 가치개념이나 생활 태도에까지 영향을 미치기 때문에 기독 청년들이 배우자 선택에서 가장 고려해야 할 조건은 상대가 그리스도인인가이다.[74] 따라서 찰스 셀이 말한 배우자 선택의 조건은 두 사람이 하나님의 말씀과 뜻 안에서 만나고 대화하며 함께 문제를 해결할 수 있는 능력이 있는가 하는 것이다.[75]

이질적 요소

배우자 선택 기준에서의 이질적 요인이란 주로 성격에서 작용하게 된다. 즉 피터 윈치(Peter Winch)가 상호보완적 욕구이론에서 제시한 바와 같이 서로의 성격이나 욕구가 다르면 이것이 보완적으로 작용해 서로 매력을 느껴 배우자로 선택하게 된다. 상호보완적으로 작용할 수 있는 욕구의 대표적인 측면들을 살펴보면 다음과 같다.

---

74) 고전 7:15, 39; 고후 7장 14~18절.

75) 송재명, op.cit., p.19.

a. 지배 · 순종 욕구

지배와 순종성은 이질적이면서 상호보완적인 성격 요인이다. 대인관계에서 지배적인 성격을 가진 사람은 순종적인 사람을 선택할 것이고 반대로 순종적인 사람은 지배적인 사람을 독립적이고 결단성이 있다고 생각하여 좋아하게 된다.

반면 똑같이 지배적인 두 사람이 만난다면, 경쟁 심리로 충돌을 면치 못하게 된다. 그러므로 이처럼 이질적인 성격을 가진 사람끼리 상호보완하면 서로 만족스러운 관계가 유지되고 원만한 결혼생활을 영위하게 된다고 말할 수 있다. 그래서 게리 콜린스(Cary Collins)는 지혜롭게 배우자를 선택하려면 그리스도인으로서의 신념과 상호보완적인 욕구를 고려하고 감정적인 공명이 적절하게 이루어져야 한다고 했다.[76]

b. 양육 · 의존 욕구

양육적인 사람은 동정심이나 온정 또는 도움을 베풀어줌으로써 만족을 얻는 사람이고 의존적인 사람은 그것을 받는 데 익숙한 사람이다. 사람은 누구나 이러한 두 가지 특성을 모두 가지고 있지만, 어느 쪽이 강하냐에 따라 그 사람의 특성이 결정된다.

c. 성취 · 대리성취 욕구

성취욕구가 강한 사람과 대리성취 욕구가 강한 사람이 서로 만족한 관계를 가질 수 있다. 사람에 따라 자기 자신이 강한 성취의욕을

---

[76] Ibid., p.17.

가지고 있는 사람이 있는 반면, 다른 사람으로 하여금 어떤 일을 하게 하고 그것이 성취되는 것을 보는 데서 커다란 대리만족을 얻는 경우가 있다. 대체로 부인들이 남편을 통해서 자신의 욕망을 충족한다고 보지만, 반대로 부인을 통해 대리만족을 느끼는 남편도 있다.

배우자 선택에서 고려할 점

결혼할 배우자는 일생을 함께 살아가야 할 동반자이기 때문에 배우자를 선택하는 데 있어 신중하고 사려 깊게 행동하는 것이 좋다. 워런(Warren)은 배우자 선택에서 고려할 원칙을 제시하고 있는데, 대부분 저지르기 쉬운 잘못들이다.

너무 이른 나이에 결혼 결정을 한다

자신의 정체성과 인생의 목표가 확립될 때까지 기다리지 않고 강행한 결혼은 신혼 초부터 많은 문제를 일으킬 수 있다.

두 사람이 공통적으로 경험한 토대가 너무 약하다

서로 결혼하려고 마음먹긴 했지만, 공통 경험이 한두 가지 측면에만 집중되어 다양한 종류의 경험을 함께 나누지 못했다. 교제 중 함께 공유할 수 있는 공통 경험의 폭이 좁다는 것은 결혼 결정에 이미 위험을 안고 있는 것과 다름없다.

가능한 한 배우자가 될 사람과 아침부터 저녁까지 함께 시간을 보내 보자. 짜증나고 답답한 시간도 함께 보내 보고 유쾌한 시간도 함께 나누어 보자. 그러기 위해 교통체증이 심한 도로 위에서도 있어 보고 한적한 시골길도 걸어 보자. 상대방이 어린아이들을 어떻게 대하는가를 지켜보고, 잡다한 집안일을 어떻게 처리하나를 관찰하고, 돈을 어떻게 쓰는지도 살펴보아야 한다. 모든 일을 함께 경험하는 시간이 많으면 많을수록 이후 예상치 못한 난관들을 지혜롭게 극복할 수 있다.

두 사람이 결혼에 대해 비현실적인 기대를 가지고 있는 경우

결혼에 실패하는 많은 경우는 너무나 희망에 부풀어서 결혼에 대한 실체를 모르고 결혼한 경우이다. 결혼 후 살아가는 동안 별의별 고통을 다 겪게 될 것이다. 그러한 문제와 도전을 이겨낼 만한 인내와 노력, 지혜와 문제해결 능력이 없다면 결혼을 하지 말자.

한쪽 혹은 양쪽 모두 중요한 성격적 혹은 행동적 문제들

배우자의 성격이나 습관에 뭔가 문제가 있다고 판단될 경우, 자신이 선택한 배우자의 그러한 성격을 다 받아주고 그 사람과 더불어 평생을 살 자신이 있는가 스스로 질문해 보라. 예를 들어, 배우자로 선택한 사람이 책임감이 없고, 정직하지 않으며, 고집이 세고, 화를 잘 낼 수도 있고, 질투심이 강할 수도 있다.

이러한 성격은 결혼을 한다 해도 좀처럼 바뀌지 않는다. 결혼을 하

면 상대방을 바꿀 수 있다는 생각은 절대로 하지 말라. 결혼 후에는
더하면 더했지, 개인의 고착화된 성격은 쉽사리 바뀌지 않는다. 거짓
말하는 습관이나 음주 습관, 약물 중독, 성적 방종 등은 결혼하기 전
에 해결하지 않으면 안 된다. 아무리 사정이 급하더라도 결코 결혼을
결심해서는 안 된다. 그렇게 하지 않을 경우 결혼생활에 심각한 위험
이 초래될 수 있으므로 다음 사항을 고려해야 한다.

당신이 이상적으로 생각하는 배우자 상(像)을 분명히 결정한다

자신의 건전한 자아상에 견주어서 이상적인 배우자로 어떤 사람을
원하는지를 명확히 하는 것이 도움이 된다. 그렇게 하기 위해서는 그
파트너의 어떤 특성을 자신이 좋아하는지를 평가해 보아야 한다. 그
러한 특성에는 인격(인간 됨), 지성(지능), 부모로서의 자질, 마음이 잘
통하는 것, 종교적 열성, 성격, 창의성, 신뢰성 등이 포함되어야 한다.

결혼 전의 열정적인 사랑을 우애적인 사랑(필레오)으로 바꾸어야 한다[77]

어떤 커플은 서로의 육체적인 매력에 끌려 열정적인 사랑을 시작
했다. 그들은 같이 있으면서 성관계도 가졌고 한없이 좋고 외롭지 않
았다. 그러나 너무나 정열에 압도된 나머지 그들은 서로에 대해 아는
게 없었다. 이러한 관계는 결혼 후 어떻게 될까? 열정적인 사랑이 우
애적인 사랑으로 바뀌지 않았으므로 그들의 사랑은 급속도록 식어가

---

77) 안빈 · 안혜선 · 김효영, op.cit., p.125.

게 된다. 그러므로 비록 처음에 열정적인 사랑으로 시작했다 하더라도 점점 서로의 관심사를 공유해 가면서 우애적인 사랑으로 발전시켜가야 한다.

우애적 사랑은 배우자 선택에서 다음과 같은 특성을 보인다.[78]

첫째, 우애적인 사랑에서는 당신이 사랑하는 사람의 행복을 위해, 자신의 것만큼이나 남의 것도 대단히 중요하다는 것을 명심해야 한다.

둘째, 우애적인 사랑으로 서로를 깊이 사랑하는 사람은 그들 관계에서의 세 가지 공간, 즉 자신을 위한 공간, 상대방을 위한 공간, 그리고 두 사람을 위한 공동의 공간을 개발할 가치를 인식한다.

셋째, 우애적인 사랑은 당신의 상대자와 진실하고 참된 자아를 나눌 수 있는 자유를 부여해준다. 자신들에 대해서 각자가 발견한 것을 열심히 나누는 사람들은 서로에 대한 사랑으로부터 멀어질 수가 없다. 왜냐하면 다른 사람이 진정으로 자신을 아는 것은 중심의 가장 깊은 부분을 나누기 때문에 더 많은 사랑을 받게 된다.

넷째, 우애적인 사랑은 신뢰를 요구한다. 인간관계에서 서로가 신뢰하지 않는 사람들한테는 애착이 생기지 않는다. 상대방을 신뢰하고 믿을 때 진정한 사랑은 이루어진다.

다섯째, 우애적인 사랑을 하는 사람들은 꿈을 함께 공유하며, 그 꿈에 도달하는 계획을 세운다. 위대한 꿈을 함께 꾸는 커플들은 서로를 가장 사랑하는 사람들일 수가 있다. 그리고 그 꿈에 어떻게 도달하느냐의 계획을 세울 때 행복을 가져올 수 있다.

여섯째, 배우자와 친밀성을 키우도록 노력하라. 일상적인 생활이

---

78) http://www.weddingsave.co.kr, 배우자 선택 자료실.

바빠지면 친교가 이루어지지 않는다. 휴일이나 휴가 때 함께 하는 시간을 가져보자. 주로 시간이 많을 때나 일상에서 벗어나 휴식을 취하면서 자신을 성찰해볼 때 혹은 한쪽이 위기나 고통을 처해 있을 때나 두 사람이 규칙적으로 만나 내적으로 들여다볼 수 있을 때를 잘 활용하면 파트너와의 친밀감이 증대될 수 있다.

배우자 선택에서 부모 및 친구들의 역할

첫째, 신랑신부가 평생 함께 살아가야 할 배우자를 스스로 결정하고 책임의식을 갖도록 한다. 이것은 장래를 함께할 사람을 선택하는 일생에 한 번밖에 없는 기회이므로, 다른 사람이 침해해서는 안 된다. 궁극적으로 자기의 책임은 본인에게 있으므로 최종 선택은 본인이 하도록 한다.

둘째, 배우자를 결정하는 지혜는 그들 스스로가 얼마나 정확하게 아느냐에 달려 있다. 자신과 배우자에 대하여 본인들이 보지 못하는 부분이 있을 수 있다. 그들은 다른 어느 누구보다도 상대방을 잘 알고 있기에 적절히 조언해줄 수 있다.

셋째, 부모와 친구들이 지나치게 간섭하는 것과 순수하고 정직한 마음으로 도움을 주는 것을 분명히 구분해야 한다. 타인이 지나치게 개입하거나 발언권을 가져서는 안 된다.

넷째, 배우자 선택에서 양 당사자들도 신중한 균형을 유지할 필요가 있다. 그 사람이 단지 부모나 친구를 만족시켜 준다고 해서 결혼하는 것은 위험하다.

당신이 찾던 바로 그 배우자를 선택했는데 부모나 친구들이 반대할 때, 다음과 같은 것을 고려해볼 수 있다.

첫째, 양가에서 반대를 심하게 할 경우 양 당사자들은 개방적이고 수용적인 자세를 취해야 한다. 그 이유가 타당하다면 부모님 말씀을 듣는 것이 좋다. 그러나 그 이유가 부모님의 이기심에서 비롯된 것이라면 인내심을 가지고 부모를 설득하는 노력을 해야 한다. 이러한 과정을 거친 결혼만이 행복한 결혼이 될 것이다.

둘째, 반대가 완고한 시점에서는 서두르지 않는 것이 중요하다. 결정을 천천히 하도록 해야 한다.

셋째, 그들의 분석과 자신이 분석한 것에 현저한 차이가 있다면, 그리고 자신의 분석에 대해 혼란스러워 확실한 판단이 서지 않으면 자신에 대해 염려해주고 아껴주는 친구나 사람들에게 도움을 구하도록 한다.

넷째, 파괴적인 결정을 하지 않도록 전문가와의 상담을 두려워하지 않는다. 몇 번의 상담으로 더 확신을 가지고 앞으로 나아갈 수 있도록 도와줄 것이다.

이별의 아픔을 극복하기

누군가 만나 이성교제(구혼과정)하는 것은 결혼을 전제로 해야 하지만, 반드시 결혼으로 이어져야 하는 것은 아니다. 이성교제를 아름답게 잘 진행시켜 '서로 잘 어울린다'는 표현이 절로 나올 만큼 두 사람이 대화가 잘 통하고 잘 어울리는 커플도 있다.

그런데 서로의 비전과 신앙색깔이 다르다 보면 결혼생활에서는 문제가 될 수 있다. 한쪽은 보수주의적 신앙을 가졌고 한쪽은 자유주의 신앙(민중 신앙)을 가졌다면, 한쪽은 순수 복음을 전하는 선교사가, 한쪽은 민중운동을 위해 삶을 바치는 열사가 되려 할 것이다. 이 경우 두 사람은 서로의 장래를 위해 헤어질 수도 있다. '이 부분은 도저히 맞춰나가기 어렵겠다'는 확신이 들면 당장은 상처가 되더라고 이별을 받아들이는 결단과 지혜가 필요하다. '큰 아픔은 큰 사명을 낳는다'는 말이 있듯 인생은 아픔만큼 성숙하는 것이다. 그러나 그런 결단을 내릴 때는 신중해야 한다. 한 번의 선택이 돌이킬 수 없는 후회를 낳기도 하고 잘못된 결단으로 상대방에게나 본인에게 치명적인 상처를 남길 수 있기 때문이다.

헤어져야 할 때

인간관계는 매우 미묘하여 만나는 일도 어렵지만, 헤어지는 일은 더 어렵다. 데이트로 결혼까지 생각하던 관계에서 헤어져야 할 필요성이 있을 때 어떻게 하는 것이 지혜로울까? 상처를 주고 싶지 않아서, 아무도 없는 것보다는 곁에 누가 있는 것이 나은 것 같아서, 또는 성적인 문제로 관계를 질질 끄는 것은 자신에게도 상대방에게도 유익하지 않다. 앞에서도 언급한 바 있지만, 앞으로의 관계가 원만치 않으리라는 판단이 섰을 때 이를 미루는 것은 시간 낭비이다. 미련 없이 정리하는 것도 서로에게 유익하다. 나에게 유익하지 않은 것은 상대방에게도 유익하지 않기 때문이다. '미련'을 갖게 하는 애매한 말은 피해야 한다. 어떠한 방법을 사용하든 미리 상대방이 알 수 있도록 한다. 미리 해야 할 말의 계획을 세우고 하고자 하는 말을 연습한다.

예의 바른 태도로 만남을 통해서 얻은 새로운 경험에 대해서 고마움을 표시하되 일시적인 거절이 아님을 분명히 해야 한다. 예를 들면 "지금은", "당장은", "나중에 전화하세요", "다시 만나면" 등의 표현은 상대방에게 미련을 갖게 할 수 있어 피해야 한다.

문자(SMS)나 이메일을 보낼 수도 있다. 이 같은 방법은 장기간 교제가 계속된 경우, 상대방이 생각할 여유도 갖게 되고 강압적인 수단을 쓸 수도 없으므로 효과적이다. 이때 헤어지고 싶은 이유들을 나누는 것이 개인의 성장에도 유익하다. 자신의 느낌이나 관점을 분명하게 얘기한다. 그러나 상대방의 방어적인 자세와 설득에 항변하기보다 이미 헤어지기로 결정했음을 강조한다. 주고받은 선물 중 돌려주어야 할 것들은 이때 돌려준다. '결별을 원치 않는 상대방'에게 이유를 대고 많이 설명하는 것은 금물! 많이 설명할수록 더욱 고집을 부리도록 자극한다는 것을 명심하자.

거절을 당했을 때

사랑은 어쩌면 상처받기로 결심하는 것인지도 모른다. 거절의 경험은 마음에 쓴 뿌리가 내리게 하고 이성에 대한 불신감이 생겨난다. 정서적으로 불안해지고 분노와 절망의 감정은 육체와 정신을 병들게 하고 좌절과 고독의 나락에 빠져들게 한다. 그러나 헤어짐에 따르는 상처와 고통을 통해 자신을 정리한다면 성장의 기회가 될 수도 있다.

a. 만남을 통해 새로운 세계를 경험함을 감사하게 생각하라. 비록 거절의 아픔이 슬픔일지라도 나의 것으로 아름답게 간직한다.

b. 부정적인 자아상을 갖지 않도록 한다. 실패 없이 큰 발명을 한 사람도 없고 실수 없이 성공한 사람도 없다.

c. 이별로 인해 이성교제 자체나 이성을 부정적 대상으로 보지 말라. 너무 빨리 다른 이성을 사귀는 것도 금물, 사람의 감정은 시간이 지나야 회복된다. 울어라! 실컷 울고 나면 감정의 카타르시스(catharsis)[79]가 된다.

d. 치유를 경험하라. 신앙인이라면 기도를 하면서 자유함을 얻으라. 우리들 대부분은 혼자서 아픔을 이겨낼 만큼 강하지 못하다. 상담자의 도움을 얻으라. 다른 사람을 예비하심을 믿으라.

e. 누군가 어울릴 사람이 없어졌다는 것, 거절당했다는 상실의 감정은 소용돌이를 경험한다는 것을 이해하라. 대부분의 사람들은 결별에서 다음의 단계를 거친다고 한다.

부정: 아니야. 아닐 거야. 우리가 얼마나 사랑했는데…….

분노: 이럴 수가 있어? 내가 얼마나 잘 해줬는데…….

타협: 다시 시작해보자. 이거 내 마음의 선물이야. 앞으로 잘 할게.

절망: 폭음, 자포자기, 자기학대

수용: 다시 일상생활을 시작, 추억의 물건들을 정리하며 연민의 덫으로부터 탈출

거절의 대처방법

남녀의 이성교제에서 상대가 결별을 요구할 때 어떻게 아픔을

---

79) 마음속의 응어리를 밖으로 터뜨려 깨끗하게 하는 일.

최소화하고 극복할 것인가에 대해 알아보자.

첫째, 고통은 일시적이라는 것을 인지하라. 비록 파트너가 떠났을 때 상처를 받겠지만 그것이 영원히 지속되지 않는다는 것을 명심하라. 당신은 그것을 극복할 수 있으며 더 좋은 파트너를 만날 수 있다는 자신감을 가져라.

둘째, 파트너의 좋지 않았던 점과 자주 다투었던 일들에 집중하라. 당신이 헤어진 파트너 생각을 할 때 좋았던 기억들을 생각하지 않도록 주의하라. 상담자나 치료가들은 파트너에게 이별을 당한 후 어려움을 극복하기 위한 방법으로 이러한 기술을 추천한다.

셋째, 파트너를 생각나게 하는 사진, 선물 등을 과감히 치워 버림으로써 고통을 줄일 수 있을 것이다.

넷째, 여행을 떠나라. 지금 당신이 가장 바라는 것은 이전의 아름다웠던 추억에 빠져 예전의 관계로 돌아가는 일일 것이다. 그 욕구와 싸우고 떠나라. 이제부터 전화나 방문뿐 아니라 편지도 하지 말라.

다섯째, 새로운 만남을 시작하라. 끝난 관계에서 가장 좋은 회복제는 새로운 사람을 만나는 것이다. 단, 떠나 버린 빈 둥지를 채우기 위한 성급한 만남은 위험하다. 과거의 이성에 대한 마음이 어느 정도 정리됐을 때 새로운 만남을 가져야 한다.

이별의 해소 – 파트너와 헤어질 때 고려해야 할 사항들의 지침

교제 중에 자신의 이성이 적합하지 않다고 판단될 때, 적합한 상대를 만나 관계를 발전시키는 것도 중요하지만 자신에게 잘 맞지 않는 사람과 지혜롭게 헤어지는 것 또한 중요하다.

첫째, 이별하는 것이 당신이 원하는 것이라고 결정되면, 어떤 경우에든 감정이 상한 관계를 살리려고 노력하는 것보다 끝내는 것이 더 현명하다. 둘째, 당신이 헤어질 때 상대방이 상처를 받을 것임을 인정하고 받아들여라. '나는 더 이상 그와 만날 수 없다. 그러나 또한 그에게 상처주기를 원치 않는다'고 한다면, 그 두 가지는 모순되는 것이다. 사랑하는 어떤 사람과의 관계를 끝맺는 것은 일반적으로 그 사람에게 상처를 주기 때문이다. 셋째, 헤어지기로 결정했다면 관계를 지속하기를 원하지 않는다는 것을 상대방에게 명확하게 이야기하라. 쉽지는 않겠지만 흔들림 없이 단호하게 끊어라.

일단 관계를 끝내기로 할 마음을 가지고 있다면 파트너와의 만남과 관계에 시간을 덜 투자하게 된다. 같이 보낸 시간이 적을수록 상처를 덜 받고 쉽게 다른 사람을 만날 수 있다. 그럴 경우 상대방은 덜 힘든 시간을 보낼 것이지만, 만약 당신이 완전히 떠나 있다면 파트너의 아픔은 더 빨리 치유될 것이다. 그 관계를 완전히 끝내 버리는 냉철함이 필요하다. 현재는 힘들지만 시간이 지나면 서로에게 약이 된다.

미혼의 성(性) 예비교육

성(性)의 이해

인간의 성(性)은 전인격(全人格)의 결합

성은 종족보존이란 기능적인 측면에서는 동물과도 같지만, 인간의 성에는 생리적 행동뿐 아니라 감정적 심리적 문제까지 포함되는 인격의 결합체이다. '性'을 한자(漢子)로 뜻을 풀어보면 '性'은 心[마음]과 生[몸]이 결합된 형상문자(形象文字)이다. 이는 인간의 성은 마음과 육체를 통합한 사람의 전인격(全人格)으로 이루어져 있다는 것이다. 그래서 인간의 성행위는 육체적 행동뿐 아니라 심리적 감정까지 포함하는 인격체의 만남이라고 한다. 동물은 그저 육체적인 성(性)욕만 충족되면 그만이지만 인간은 전혀 그렇지 않다는 것이다.

이러한 연유에서 부부의 성생활의 불만은 감정적 불만을 내포하고, 성적 부적응과 함께 부부갈등을 유발하여 불만이 쌓인다. 그러니까 부부가 침실에서 성생활의 불만이 쌓이면 감정적 불만이 쌓이게 되고, 그 불만이 부부생활의 다른 면으로 옮겨져 부부싸움이 시작된다. 평상시 같으면 전혀 화낼 일도 아닌데 감정이 폭발한다. 이는 상대에 대한 불만이라는 것이 다름 아닌 성생활의 불만에서 오는 경우가 많다.

한국의 30~40대 중상류층 주부 2,500명을 조사해본 결과 무려 62%의 주부들이 부부간의 성생활에 '불만족'을 토로했고, 32%만이 '만족'한다고 답했다.[80] 최근 뉴잉글랜드 의학 학술지에 발표된 한 연구 논문에서도 행복한 결혼생활을 하고 있는 부부들을 조사해본 결과 남편의 40%와 부인의 63%가 자신들의 성생활에 크고 작은 문제가 있음을 토로했다. 또 다른 연구조사 결과들을 종합해 보면 여성의 경우 40%가 전혀 오르가슴을 느껴본 경험이 없으며(Anorgasmia), 남성의 15~20%가 만성적 발기장애(Erectile Dysfunction), 18%가 조루(Premature Ejaculation) 내지 지루(Retarded Ejaculation)증상을 갖고 있다고 한다. 또 여성 5명 중 1명은 성에 대한 욕구나 충동을 전혀 못 느끼는 것으로 보고됐다.[81]

인간의 성욕

인간은 일정한 연령에 이르면 이성에 대한 관심이 생기고 이성과 성행위를 하고 싶다는 욕구가 발생한다. 이러한 성욕은 종족보존을 위한 욕구로, 개체유지를 위한 것이며 식욕과 함께 2대 본능에 들어간다.[82] 이러한 성욕에 대해 찰스 셀(Charles Sell)은 "성욕은 자연 법칙

---

80) 대한가족계획협회 편, 『성교육 성상담 교본』(서울: 대한가족계획협회, 1999), pp.333 – 336.
81) 홍성묵, 『아름다운 사랑과 성』(서울: 학지사, 1999), p.219.

의 일부이다"[83]라고 했고, 러셀(Russell)은 "성욕은 식욕과 마찬가지로 인간의 자연적 욕구이며, 무조건 금지한다면 더욱 큰 자극을 받게 될 것이므로 성적인 본능을 억제하기보다는 오히려 훈련시켜야 할 것"이라고 했다.[84] 독일의 신경과 의사 알버트 모어(Albert Moore)는 성욕을 접촉욕과 종창 소실욕으로 분류하여 설명하고 있다.[85]

a. 접촉욕

맨 처음 이성에 접근하여 친해지고 싶은 접근욕, 이성에 몸을 대고 싶은 접촉욕, 이성에 입을 맞추고 싶은 키스욕, 특정 이성에 살을 대고 싶은 애무욕이다.

b. 종창 소실욕

남녀가 각각 성선의 분비물을 방출하고 싶어 하는 충동이다. 모어는 접촉욕과 소실욕은 따로따로 일어나는 경우가 있지만 대개는 동시에 일어난다고 했다. 그러나 영국의 성 심리학자 하브록 에리스(Havelock Eris)는, 모어의 주장은 여성에게는 맞지 않다 하여 두 가지 충동 사이에 '종창의 과정'을 넣었다. 종창의 과정이란 남녀가 각기 성선의 분비물을 방출하고 싶어 하는 충동인데, 즉 좋아하는 이성을 대하면 "남성은 페니스가 발기하고, 여성은 질이 축축하게 되어 성선의 분비물을 발산시키려는 소욕이 일어나게 된다"라고 했다.

---

82) 엄석호, op.cit., p.20.

83) Charles M. Sell, op.cit., p.73.

84) 김혜란, 「인터넷 상담사례에 나타난 청소년의 이성교제의 특성 연구」(석사학위청구논문, 이화여자대학교 교육대학원, 2000), p.27.

85) 안빈·안혜선·김효영, 『아름다운 결혼으로의 초대』(서울: 삼성북스, 2002), p.66.

심리학자 M. J 허거포드 박사는 '성의 사다리(Sexual Ladder)' 이론으로 남녀의 성욕을 설명한다. 보편적으로 여자는 아래에서 출발하여 위로 한 계단식 올라가면서 성의 친밀감을 더해 가려 하지만, 대부분의 남자들은 사다리의 꼭대기만을 생각한다. "내가 너를 사랑하잖아, 우리는 결혼할 사이니까 괜찮아" 하면서 말이다. 그러나 사다리의 꼭대기에 '좋은 것'이 기다리고 있다면 사다리의 밑바닥부터 '차근차근' 친밀감을 갖고 올라가야 한다.

♡성의 사다리

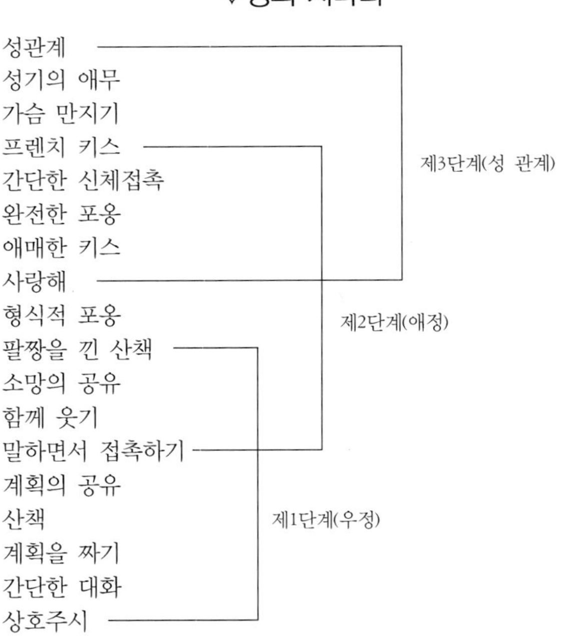

이성교제에서는 사다리 단계 하나하나를 밟게 마련이다. 그런데 교제 초반부터 제3단계에서부터 시작됐다면 여러 가지 문제가 발생

할 수 있다.

남녀의 성(性), 과학적 분석

남성의 성기는 신경의 통제를 받고 있는데 성기의 피부와 귀두에 있는 감각신경에서 성적 자극을 받아들인다. 이것이 척추신경을 통해 대뇌로 전달되고 교감신경, 부교감신경, 자율신경의 작용으로 성기에 있는 근육과 혈관이 발기되는 것이다. 여성의 성적인 자극의 결과는 질에서 나타난다. 남성의 성기와 마찬가지로 여성도 입술, 혀, 유방, 음핵 등과 같은 감각기관을 통해 받은 자극이 대뇌에 전달되어 교감신경, 부교감신경, 자율신경의 작용을 통해 질에 분비물이 증가하게 된다. 이러한 자극이 대뇌에 전달되면 질에도 역시 분비물이 증가하고 자궁에 부수적인 자극이 일어나며 골반 주변의 근육들도 자극을 받아 수축이 일어나며 오르가슴에 도달한다. 이때 음핵이 직간접적으로 자극을 받으면 오르가슴에 쉽게 도달한다. 한편 여성도 시각, 청각, 후각을 통해 성적인 자극이 일어날 수 있다. 단지 자극이 일어나는 시간이 남성보다 늦을 뿐이다.

a. 남녀의 성욕 차이

성적 요소	남자	여자
절정기	16세~20세 초	30세 후반~40세 초
준비	별다른 준비가 필요 없음	감정적 정신적 준비시간 필요
지향	언제든지(테스토스테론 호르몬 분비) 육체적인 필요에 의해서 출발	월경주기와 관련 감정적인 필요에 의해서 출발
욕구	성적 친밀감을 원함, 횟수를 생각	정서적 친밀감을 원함, 그 방법을 생각

성적 요소	남자	여자
성적 반응	중간점에서 갑자기 최고조에 달하고, 사정 후 급격히 제로점으로 하강한다. 생리적 추구 감정은 중요하지 않다. 순간을 향한다.	중간점에서 점진적으로 정상을 향하고 최고점에 도달한 뒤에 서서히 하강한다. 결코 제로점까지 내려가는 법이 없다. 정서적 불안정이 최대의 적, 그 반응속도가 비교적 느리다.
자극	시각과 후각에 의한 자극, 여성의 외모에 끌림	신체접촉, 감미로운 말 한마디에 끌림 촉각, 청각, 미각, 시각, 후각의 오감뿐 아니라 부드러움이 필요
오르가슴	사정 짧고 좀 더 격렬함 육체지향적 오르가슴은 보통 만족을 해야 가능	하나 됨을 체험 길고 좀 더 깊음 감정지향적 오르가슴 없어도 만족이 가능

b. 만족한 성에서 오는 변화

인간의 뇌는 전뇌, 중뇌, 후뇌로 나뉘어져 있는데, 특히 대뇌는 성욕으로 인한 성충동에 중요한 의미를 지닌다.[86] 사람을 사랑하고 섹스의 즐거움을 느끼면 대뇌의 피질이 뇌사에 전달, 뇌사에 전달된 아래쪽에 있는 뇌하수체 전엽에 지시해 성선자극 호르몬을 분비하게 된다. 이 성선자극 호르몬은 성기를 자극해 성호르몬의 활동을 활발하게 하는 것이다. 갓 결혼한 여성이 단기간에 아름답고 현숙한 모습으로 변모하는 것은 심리적 자극에 의한 전신의 호르몬 작용이 활발해지기 때문이다. 여성의 대뇌세포 성선(性腺)의 활동이 대게 갓 결혼하여 성생활에 만족한 여성을 예뻐지게 하는 것이다.

성에 대한 남녀의 관점

성의학자들은 여성의 경우 주변환경과 육체적, 정신적, 정서적인

---

86) 배경환, 『아름다운 신혼을 위하여』(서울: 도서출판 남희, 1996), p.73.

요인들이 섹스 만족도를 결정하는 반면, 남성의 경우 전적으로 생리
적인 요인에 지배받기 때문에 "여성은 뇌로 섹스하고 남성은 성기로
섹스한다"라고 설명한다.[87]

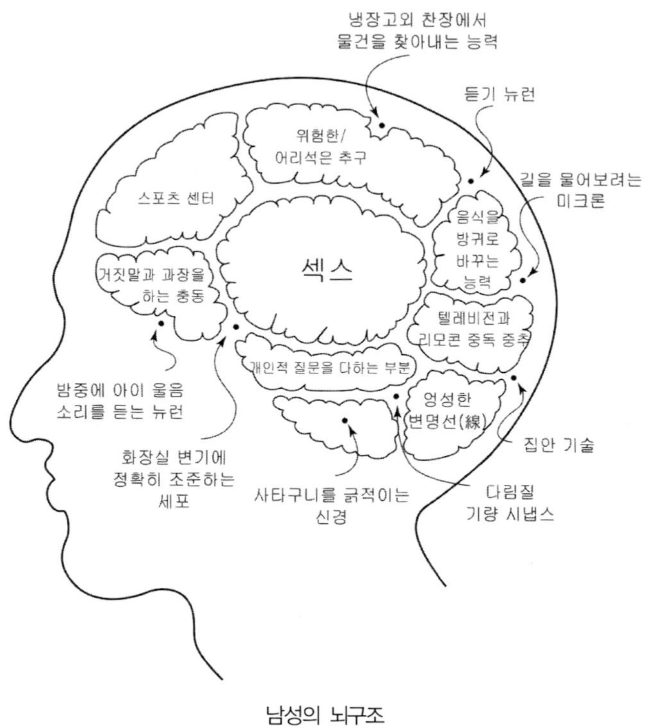

남성의 뇌구조

성행위를 할 때 남성은 성행위 자체만을 생각하지만, 여자는 '이
남자가 나를 진정으로 사랑하는 구나'라는 생각에서 '임신하지 않을
까' 등을 생각한다.

남성들은 여성들을 성적 대상으로 생각하는 경향이 강하다. 사랑

---

87) 이성주, 「이성주의 아담&이브」, 중앙일보, 2007년 9월 14일, 40면.

한다는 이유로 요구하는 성관계는 진정한 사랑이라기보다 끓어오르는 성욕일 경우가 많다. 따라서 남성은 사랑 없이도 한 치 건너 여성과도 얼마든지 성관계를 가질 수 있다. 그러나 여성들은 자신이 사랑하고, 또 상대방이 자기를 사랑한다고 느끼지 않은 한 어떠한 남성과도 성관계를 원하지 않는다. 사랑받고 있다는 느낌이 들어야 성적인 갈망이 생기는 것이다.[88]

인간의 성생활은 종족보존이라는 기능적 측면에서는 동물과 유사하나, 생리적 행동뿐 아니라 감정적, 심리적 문제까지 포함한다는 차이가 있다. 그래서 부부가 성생활에서 불만이 오면 감정적 불만이 쌓이게 되고, 성적 부적응과 함께 부부갈등을 유발하여 불만이 쌓인다. 그 불만으로 평상시 같으면 전혀 화낼 일도 아닌데도 내면의 감정이 다른 데서 폭발하는 행동을 취하게 된다. 흔히들 성격 차이, 생각의 차이라고 말하는 갈등들이 사실은 성생활에서 기인하는 수가 많다.

다음은 심각한 성적 갈등을 겪다 이혼 직전에 이르게 되었던 여성이 인터넷에 올린 글이다.

남편: 왜 또 신경질이야?

아내: 신경질이 안 나게 되었어요?

남편: 당신은 뭐가 그렇게 불만이야? 내가 돈 벌어다 주고, 당신이 해 달라는 대로 다 해주고, 외식시켜 달라면 외식도 시켜 주는데 왜 그렇게 징징거려?

아내: 야, 이 바보야! 사람이 밥만 먹고 사나, 밥만 먹고 살아?

---

88) 추부길 · 김정희, 『가정과 성』(서울: 한국가정사역연구소, 2000), p.157.

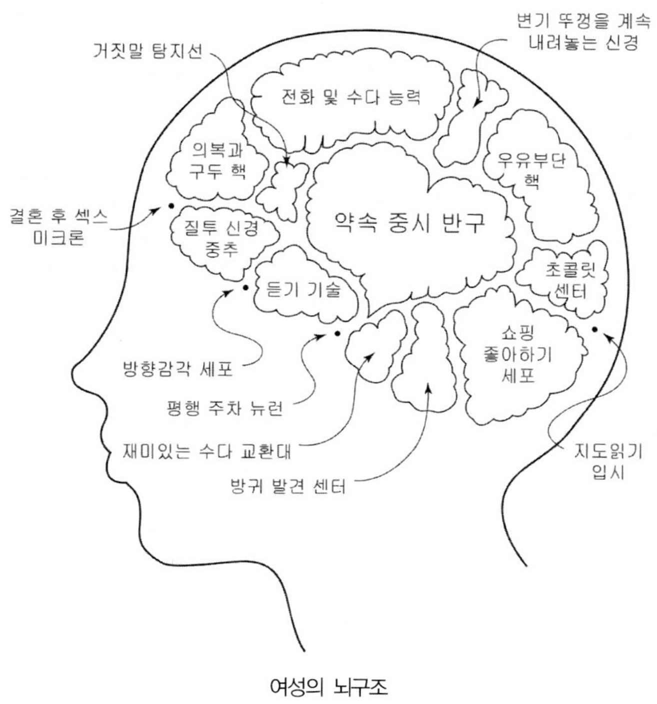

여성의 뇌구조

이러한 갈등에 대해 로렌스 J. 크렙(Lawrence J. Crabb Jr.)[89]은 다음과 같이 말하고 있다. "결혼 문제의 가장 큰 원인이 대화 부족에 있다면 그 두 번째 원인은 성문제라고 할 수 있으며, 부부 사이의 불화가 침실만큼 극명하게 나타나는 곳은 없다"라고 했다. 이처럼 이혼의 가장 큰 원인이 성격의 불일치란 사실은 성의 불일치라고 보아도 무관할 정도로 성생활에 대한 만족은 부부생활에 대단히 중요하다.[90]

한편 오늘날 결혼생활에서 흔하게 발생하는 성 트러블의 갈등을

---

[89] 이홍찬, 『개혁주의 목회상담학』(파주: 한국학술정보(주), 2007), p.190. 크렙은 신학과 심리학의 원리들을 제휴시켜, 성경적 안목을 가지고 일반 상담학의 제반 연구 사항들을 조명해 보고 성경의 내용에 충실하게 이를 사용하고 있다.

[90] 엄석호, 『여성백과 제1권』(서울: 도서출판 양우당, 1999), p.21.

분석해 보면, 남성 과 여성들 모두 성지식이 부족해서 오는 경우가 많다. 남성들은 성적(性的)인 대화나 무드가 부족할 때, 전희(foreplay)가 부족할 때, 또한 발기부전문제이다. 최근에는 남성들의 발기부전이 문제가 되어 이혼한 부부가 증가하고 있다. 이에 대해 여의도 성모병원 가정의학과 김세홍 박사는 "남성은 스트레스와 강박관념에 빠지면 자율신경 기능이 떨어져 성에 대한 흥미와 욕구가 저하될 뿐 아니라 발기부전을 겪게 된다"라고 했다. 그는 이어서 "최근 성생활 문제로 갈등하는 부부가 상당히 많은데, 상담이나 병원치료(발기부전)로 도움을 받아야 한다"라고 했다.

오늘날 성(性)문화의 현주소

성의 개방화

현대사회는 대중매체가 지배하는 사회이다. 여기서 만들어낸 가치관과 행동방식이 무분별하게 보급되고 있다. 특히 인터넷과 영상매체로 인해 성의 개방화는 왜곡된 성문화를 만들어내고 성을 상품화하고 있다. 이러한 풍조와 왜곡된 성문화 정보는 우리가 태어나서 정서적, 경제적 안정 속에 자라는 가정을 파괴시키고 있다.[91]

특히 정상적인 성교육이 없는 상황에서 성을 배우게 되는 통로는 인터넷과 동영상 등을 통해서 이루어지는데, 그 결과 오늘날에는 인

---

[91] 김종환, op.cit., p.50.

류역사상 가장 노골적인 성문제가 대두되는 시대가 되었으며, 인류역사 이래 가장 성에너지가 충만한 사회 속에 살고 있다.[92] 이제 성은 절제의 대상이 아니라 쾌락의 수단으로 생각한다. 혼전 순결은 빛바랜 가치가 되었으며 불륜이 당당하게 미화되기도 한다.

근래에는 스와핑이란 해괴한 용어까지 등장했다. 과거에 변태성욕으로 분류되었던 동성애도 이제 정상적인 성의 형태로 인정받게 됐다. 여기에 초고속 인터넷의 등장으로 인해 각종 포르노 영상(야동)이 범람하여 성에서는 전인격(全人格)이 파괴되고 성적인 관계를 기계적으로 연상하게 됐다. 의학기술의 발전은 피임 수단의 발달로 여성은 원치 않은 임신의 염려에서 해방되어 자유로울 수 있게 됐고, 비아그라의 출현으로 남성은 발기부전 걱정을 덜게 됐다. 이제 분명 브레이크가 있어야 할 시점에 이르게 됐다.

성 개방만 있고 가치관은 없다

인터넷 취업포털 사이트 '잡링크'는 2010년 9월 7일부터 25일까지 대학생 1,634명(남 857명, 여 777명)을 대상으로 '대학생의 성 의식'에 대한 설문조사를 실시했다. 성을 이야기할 때 빼놓을 수 없는 혼전 순결에 대해 대학생들은 어떻게 생각하고 있을까? "혼전 순결을 지켜야 한다고 생각하는가?"를 묻는 질문에 응답자 중 1,388명(84.9%)이 '문제될 것 없다'라고 답했고, '꼭 지켜야 한다'는 응답자는 246명(15.1%)에 그쳤다.

---

92) 홍혜걸, 「홍혜걸 의학전문기자의 우리 집 주치의, 아동 성범죄」, 중앙일보, 2006년 2월 27일, 23면.

설문조사 결과가 보여주듯 '혼전 순결을 지키지 않아도 된다'는 의견이 84.9%로 압도적이었다. 대학생들의 성 의식은 과거에 비해 '개방성'이 높아졌다고 할 수 있다. 하지만 신세대들의 이러한 개방적인 성 의식은 우려되는 바가 크다. 성 행동의 개방도에 비해 그에 맞춰 요구되는 성에 대한 가치관은 상대적으로 확립되지 않은 상태이기 때문이다.

성은 자신이 가진 가치관과 성 행동이 일치해야 하는데 실제로는 그렇지 않은 경우가 많다. 혼전 성관계에서 특히 여성은 '상대방이 원하니까', '상대방이 떠날까봐 할 수 없이'라는 생각을 많이 가진다. 이는 성적인 가치 결정권을 스스로 포기하는 것이므로, 성을 이해하는 '성숙도'가 성행위에 우선해야 한다.

이러한 것의 근본 원인은 연령에 따른 성교육이 제대로 이뤄지지 않은 상태에서 각종 미디어가 성을 '쾌락적 욕구'에만 맞춰 개방하도록 부추기고 있기 때문이다. <u>원래 성행위는 '고귀한 생명을 창조하고 완성'하는 사람과의 약속인데, 육체적 쾌락을 추구하고 즐기는 성교 행위만을 강조하게 되면서 그 진정한 의미를 잃어버린 것이다.</u> 오늘날은 혼전 성 경험에 대해서는 관용적이지만, 그에 따라 요구되는 자신만의 고유한 성 의식은 확고하지 않은 것이 문제이다. 확고하게 정립되지 않은 성 의식을 가진 채 성 경험을 한 후, 후회하는 젊은이들이 참으로 많다.

성에 대한 바른 가치관 정립이 필요하다

성은 생식기로만 관계하는 것이 아니라 상대와 하나가 되고 싶다는 마음이 몸으로 표현되는 것이다. 상대와 하나 되고 싶다는 것은 생식기만의 합이 아니라 상대의 모든 것과 하나 되는 것이다. 따라서 오늘날 젊은이들이 생각하는 '성관계＝사랑'이라는 이름 아래 즐길 수 있는 쾌락 자체가 아니며, 그 이상의 의미가 있다.

성은 남녀가 한 몸이 되어 고귀한 생명을 탄생시키는 신성한 영역으로 해석되므로, 남녀의 성관계는 평생 함께하겠다는 결혼을 한 그 순간부터 시작되는 것이다. 따라서 결혼할 배우자를 위해 혼전 순결(여성＝순결, 남성＝동정)은 반드시 지켜야 한다.

그러나 혼전 순결 반대론자들은 혼전 성관계는 '서로 사랑하고 있으니까', '사랑을 확인할 수 있는 수단이니까' 당연히 할 수도 있지 않느냐며 '혼전 순결은 본인이 선택할 문제'라고 주장한다. 연애를 하고 사랑을 할 때 갖는 성관계는 정서의 안정과 감정의 소통이 있어서 가능한데, 이 같은 자연스러운 욕구를 사회에서 제약하는 건 안 된다는 것이다. 이들은 또한 '여성이 자기감정에 충실하면 왜 사회 지탄이 되는지 정말 이상하다'고 항변(抗卞)한다. 그러나 그러한 생각은 합리적이지 않기 때문에 지지(支持)할 수 없다. 인간은 사회적인 존재이므로 사회가 승인하는 테두리 안에서 행동의 제재(制裁)를 받게 된다. 이러한 사회적인 규제와 기준이 없다면 성생활은 문란해지고 사회질서는 파괴되고 만다. 모든 생활에도 규범이 있듯이 성생활도 마찬가지다. 성생활도 바른 목적과 정당한 절차(결혼)와 방법에 따라 진행되어야 할 것이다. 성의 결합은 결혼이란 제도를 통한 권리를 인정받은 합법적인 남녀, 즉 정당하고 합법적인 절차를 인정받은 부부만이 누릴 수 있는 특권이지, 미혼 청년들이 자신의 욕구를 충족하며 누리는 권리는 아니다.

그러므로 인간의 성관계는 선행되는 전제조건이 있다.[93] 첫째, 성 관계를 가지기 전 두 사람은 결혼해야 하며 둘째, 자식에 대해 책임 질 자세가 되어야 하며 셋째, 일정한 연령이 되어야 한다.

인간의 성욕은 식욕과 함께 2대 본능에 속하기 때문에 태어나면서 죽을 때까지 성적인 욕망을 가지는 것은 당연하다. 그러나 성이 인격 (지·정·의)에서 분리되어 단지 육체적 성관계에만 관심을 가질 때 는 가슴이나 생식기 등 성기에 초점을 맞추게 된다. 오늘날 인터넷 동영상을 통해 접하게 되는 성문화가 바로 그런 것이다. 이제는 이러 한 성기 중심의 성문화에서 인격 중심의 성문화로 전환되어야 한다. 성은 더 이상 가볍게 주고받는 관계가 아닌 남녀가 함께 아름답게 가 꾸어 가야 하는 것이다. 자신의 몸과 성에 대해 스스로 책임을 지고 통 제할 줄 알아야 하며 성적 자기 책임과 인격적 의식을 가져야만 한다.

혼전 순결(婚前純潔) 문제

순결(純潔)을 성과 결부하여 말할 때에는 '다른 이성과의 성 관계를 가진 경험이 없다'는 뜻으로 해석되고 있다. 성적인 경험이 없는 사 람이 여성일 경우에 '순결(純潔)'이라 하고 남성에게는 '동정(童貞)'이 라는 말을 쓰기도 한다. 한편 결혼 전이나 후를 막론하고 배우자에게 만 충실해야 한다는 의미로 남녀 모두에게 '순결해야 한다'는 표현을 쓴다.

---

93) 홍준표, 「성」(빛과 소금, 1986년 7월호), p.61.

이러한 혼전 순결을 리스(Reiss)는 네 가지의 유형으로 설명하고 있다. 첫째는 절제형으로 남녀 모두 혼전 성관계는 절대로 허용할 수 없다는 생각, 둘째는 이중규범의 단계로 남자는 괜찮으나 여자는 절대로 순결을 지켜야 한다는 생각, 셋째는 애정이 있다면 허용하는 단계로 서로 사랑하거나 결혼할 사이라면 혼전 성관계를 허용하는 것, 넷째는 애정이 없어도 허용하는 단계로, 현재 젊은이들이 이러한 개방화 추세로 변모해감을 알 수 있다.

그러나 다른 한편에서는 '순결을 지키자'는 캠페인도 일어나고 있어 '순결'의 중요성이 강조되고 있기도 하다. 그러나 혼전 성관계에 대한 찬반 여부를 판가름하기 이전에 먼저 점검해 보아야 할 것은 '미혼 남녀 간의 성관계가 바로 사랑을 뜻하는가?' 하는 것이다. 사랑은 섹스를 통해서 성숙하는 것이 아니라 사랑이 성숙하여 섹스로 연결되어야 한다. 사랑이 성숙하는 것은 결혼을 통해서이다. 결혼을 통해 두 남녀는 전인격적으로 그리고 인격적으로 벌거벗는다. 연애기간 발견하지 못했던 것들, 특히 좋지 않은 점들에 부딪히면서 남녀는 상대방의 모든 것을 하나씩 받아들이는 연습을 해야 되고 그러는 가운데 사랑은 조금씩 성숙해 가는 것이다. 따라서 성관계가 결코 사랑을 시험(테스트)하는 도구가 되어서는 안 된다,

혼전 순결(婚前純潔)에 대한 남성의 심리

"남성은 어째서 여성과 사귀기가 무섭게 섹스를 요구하는지 모르겠다." 이것은 연애를 하는 여성들의 공통된 불평이다. 끊임없이 생

산되는 정자 때문이기도 하고 여성을 지배하고자 하는 지배욕 때문이라고도 한다.[94] 그러나 모든 남성이 같지는 않으며, 야수적인 사람이 있는가 하면 욕망을 이성으로 억제하는 신사도 있다.

정비석씨의 『명기열전』에 보면 어떤 돈 많은 선비가 동기(童娘: 아직 머리를 얹지 아니한 어린 기생)의 머리를 얹어 주러 가서 "너는 틀림없는 동기렸다"라고 물으니 "소녀는 그 말을 열 번째 듣사옵니다"라고 했다는 해학이 있다. 이처럼 많은 남성들이 지배욕이나 정복감을 맛보기 위해 꽃봉오리를 따놓고 결혼을 앞두고는 오직 숫처녀만을 바라는 것은 이율배반인 면이 있다.[95]

남성들이 프리섹스나 책임지겠다는 철석같은 무지개 약속으로 비처녀로 만들고서, 막상 결혼할 단계에 가서는 자기 결혼 상대만은 숫처녀라야만 한다는 것이다. 이러한 생각은 지나친 자기중심적 과욕이다. 육체관계를 끈질기게 요구하면서도 끝내 관철하지 못할 때에 그녀를 품행이 훌륭하고 의지가 곧으며 윤리의식이 철저한 여성이라고 생각하는 이율배반적인 두 얼굴을 가졌다.[96] 그런데도 오늘날 섹스가 남녀를 굳게 맺어주는 띠라고 생각하는 신세대 여성들이 많다. 하지만 남성들은 그 꽃을 화분에 취하면 또 다른 새 꽃을 찾는 습성이 있다는 것을 잊어서는 안 된다.

시대가 변했다고 하지만 지금도 남성은 결혼적령기에 이르게 되면 배우자의 순결에 대해 내심 관심이 많다. 여성의 혼전 순결에 대해 가정사역자 박필은 그의 저서에서 다음과 같이 말하고 있다.[97]

---

94) 이춘배, 『행복한 부부 만족한 성생활』(서울: 오성출판사, 1995), p.101.

95) Ibid., p.102.

96) 황금두뇌편집부, 『결혼을 앞둔 여성의 지침서, 여성예절백과』(서울: 황금두뇌, 2001), p.80.

"심리적인 측면에 있어서 보편적으로 많은 여성들은 배우자를 찾을 때 자신을 아껴주고 사랑해주는 남자를 찾는다. 대신에 내 배우자가 동정이니, 숫총각이니 이러한 것에 관심을 가지는 여성은 별로 없다. 여성들에게는 이러한 것이 별로 문제가 되지 않는다. 반면에 남성들의 심리적 욕구는 아주 다르다. 남자의 심리적 욕구는 자신의 배우자가 순결을 지닌 숫처녀이냐 숫처녀가 아니냐를 아주 중요하게 여긴다. 때문에 자신의 배우자가 순결을 지키고 있을 때 깊은 신뢰감을 갖게 된다. 이것은 남자의 독선이요, 아집이 아니요. 남성의 심리적 본능이다."

최근 한 여론 조사 결과가 이러한 사실을 입증하고 있다. 아르바이트 전문 구인·구직 포털 사이트 알바몬이 최근 대학생 715명을 대상으로 '성(性) 의식'을 주제로 설문조사를 실시한 결과, 남학생의 73.8%, 여학생의 67.3%가 '혼전이라 해도 성관계를 맺을 수 있다'고 응답했다. 반면 '혼전에는 성관계를 맺어서는 안 된다'는 응답은 17.2%에 그쳤다.

문제는 상당수 대학생들이 혼전 성경험을 긍정적으로 생각하면서도 막상 배우자의 혼전 성경험에 대해서는 '불쾌하다'고 반응하는 등 이중적인 모습을 보인다는 것이다. 37.5%가 '문제 삼지는 않겠지만 기분은 나쁘다'고 응답했으며, '혼전 성경험이라 할지라도 나 외에 다른 사람과 관계가 있었다면 싫다'는 응답이 15.4%를 차지했다. 더욱이 '절대 용납할 수 없다'고 응답한 남학생 수가 여학생의 3배에 달했다.

오늘날 젊은이들은 20대 초에는 성에 대해서 상당히 개방적이어서

---

97) 박필, 『문제가 있는 곳에 해답이 있다』(서울: 생명의 글, 2000), p.149.

성관계를 호기심에 기호식품 선택하듯 자유롭게 행하고 있다. 하지만 정작 결혼적령기(30세 이상)가 가까워지면 남녀 모두 보수적인 생각을 한다. 특히 대부분의 남성이 본인은 젊은 시절 성에 대해 개방적이어서 자유롭게 행동했지만 자기 배우자만큼은 순결하기를 원한다. 그러니까 자신의 배우자만큼은 정조(貞操)를 지닌 여성이어야 한다는 것이다. 여성도 별반 다르지 않았다. 20대 초에는 성관계를 그저 기분에 따라 마음 내키는 대로 자유롭게 가졌지만 30대 초에 이르면 그때 행동들이 잘못됐고 지혜롭지 못했다고 후회하는 여성들이 비일비재하다.[98] 사랑으로 미화된 과거의 섹스 경험이 미래(결혼)까지 확실하게 보장할 수 없다는 것을 뒤늦게 알았기 때문이다. 그도 그럴 것이 대학교 저학년 시기에 만난 커플이 깨지지 않을 확률은 5~10%이며, 대부분 사회생활 1~2년차 때 헤어진다. 그 이유야 다양하겠지만 남성이 자기 욕심을 채우고 나니 오히려 마음이 변하는 속성 때문에 사랑을 더욱더 유지하고 발전시키지 못하는 경우도 상당히 많다.

혼전 성관계로 인한 낙태

여성은 남성보다 특별하고 섬세한 신체구조를 지니고 있으므로 자신의 몸과 마음이 상처를 입지 말아야 한다. 여성은 남성이 가질 수 없는 아주 귀한 '자궁'이라는 신체기관을 가지고 있다. 이 자궁은 창조주 하나님이 여성에게만 주신 특권이다. 자궁은 남성의 귀한 아기

---

98) 필자는 1999년부터 개인 사이트(http://www.ok123.pe.kr)를 운영하고 있다. 해당 사이트의 비밀상담 게시판에는 여전히 수많은 사연(상담)들이 올라오고 있는데, 대부분이 청년들의 혼전관계에 관한 내용이다.

씨를 받아 임신하고 탯줄을 통하여 아기가 필요한 영양분을 공급하는 '거룩한 집'이다. 그래서 여성의 자궁은 고귀한 생명을 탄생시키게 하므로 귀하고 보배로운 것이다. 자궁은 히브리어로 '라하밈(רַחֲמִים)'이라 하여 '동정심'을 뜻하는 단어이다. 이러한 자궁(라하밈=동정심)이 있기 때문에 여성은 남성보다 마음이 따뜻하여 눈물이 있고 애정이 많다. 그래서 여성의 신체구조는 매우 귀하다. 이렇게 귀한 신체구조를 지니고 있는 여성은 몸과 마음이 항상 건강해서 몸의 선한 청지기 사명을 다해야 한다. 몸의 거룩성(순결)을 지키도록 모든 몸가짐을 조심하여야 하고 술, 담배도 하지 않아야 할 것이다. 이것이 선한 청지기로서의 기초적인 삶이다.

여성은 보배롭고 귀한 '자궁'이란 신체기관을 지니고 있으므로 성경은 여성의 혼전 관계에 대해선 가혹하다. 결혼 첫날밤에 순결을 간직하고 있지 않으면 창기(창녀)처럼 악을 행했다 하여 사형(길거리에 세워 놓고 군중들이 돌을 던져서 죽임)에 처해졌다(신 22:20~21). 그러한 일을 미연(未然)에 방지하기 위해서 부모들에게 "네 딸을 더럽게 하여 음행(정당하지 않은 불법적인 성관계)이 전국에 퍼져 죄악이 가득하지 말게 하라"고 했다(레 19:29). 이는 여성의 '처녀막'은 사랑하는 남편만이 들어갈 수 있도록 설계되어 있기 때문에 몸을 더럽히면 안 된다는 것이다.

오늘날 우리 사회는 혼전관계와 낙태 문제를 너무 가볍게 여기고 있다. 특히 낙태 문제는 매우 심각하다. 2001년 통계 조사 기준으로 볼 때 대한민국의 낙태율은 세계 2위 수준이다.[99] 또한 전체 낙태 건

---

99) 안빈 외 2명, 『아름다운 결혼으로의 초대』(서울: 삼성북스, 2002년), p.96.

수 중 미혼여성이 차지하는 비중이 점차 증가하는 추세이다. 분명히 낙태는 창조주의 창조질서(생육하고 번성하여, 땅을 채워라!)에 반하는 행동이며, 성경의 십계명 제6계명(살인하지 말라)을 위반하는 것이다.

낙태는 육체적으로나 정신적으로 상처를 입게 되고 부작용도 크다. 육체적으로는 자궁벽이 손상되거나 난관이 막혀 불임이 되는 수가 있다. 이후 자연유산의 확률이 높으며, 사산아와 미숙아를 낳을 수 있다. 나중에 자궁 외 임신이 될 가능성이 높아지면 이로 인해 생명까지 위험해질 수 있다. 정신적으로는 하나의 생명을 없애는 것에 대한 죄책감과 자기 존중감 상실 등으로 오랫동안 심리적 고통을 겪게 된다.

혼전 성관계에 대한 성경적 이해

한 남자와 한 여자의 관계에서 염두에 두어야 할 것이 있다. '하나 됨'의 원리에서 육체적인 결합은 맨 마지막에 이루어진다. 육체가 하나 되는 것은 결혼식을 통해서 공적으로 법적 절차를 거친 뒤에 일어나야 한다.[100] 이에 대해 가정학자 찰스 셀은 "하나님께서 인간에게 성을 통제하는 일환으로 결혼이라는 제도를 만들어 놓았다. 진정한 성적 충족은 상호 사랑과 책임이 수반되는 합법적인 혼인관계에서만 찾을 수 있다"라고 했다.[101]

오늘날 많은 크리스천 청년들조차도 성경은 혼전 순결에 대한 언

---

100) 송재명, op.cit., p.9.

101) Charles M. Sell, op.cit., p.28.

급이 없다 하여 그 중요성을 깨닫지 못하고 있다. 그러나 성경은 인간의 성행위가 합법적 혼인관계 안에서 이루어지지 않으면 옳지 못한 결합이며 죄라고 했다.

한글 성경은 그 단어 의미가 전달이 안 되어서 그렇지 원문인 헬라어에는 명확하게 혼전관계에 대해 말하고 있다. 성경에 "모든 사람은 혼인을 귀히 여기고 침소를 더럽히지 않게 하라. 음행하는 자들과 간음하는 자들을 하나님이 심판하시리라"(히 13:4), "너희도 이것을 정녕히 알거니와 음행하는 자나 더러운 자나 탐하는 자 곧 우상 숭배자는 다 그리스도와 하나님 나라에서 기업을 얻지 못하리니"(엡 5:3)라고 했다. 이 말씀에서 '음행'이라는 단어가 헬라어 원문에는 '포르네이아'이라 하여 미혼청년들의 혼전관계를 말하고 있다.

음행의 기원은 '포르뉴($\pi o \rho v \acute{u} \omega$)'라 하여 '매음', '음란'이라는 뜻을 가진다. 여기서 파생된 단어가 헬라어로 '포르네이아($\pi o \rho v \epsilon \iota \alpha$)'이다. 포르네이아는 미혼자들 사이의 성관계를 말한다. 신약성경의 원문인 헬라어에서는 '포르네이아'를 '매춘 행위, 음란 행위, 그리고 온갖 정당하고 합법적이지 않은 성교 행위'로 정의했다. 이와 같은 '포르네이아'에 대해 성경은 하나님의 영의 열매와는 반대되는 '육체의 일'이라고 했다. 육체의 일을 거듭 행하는 사람은 하나님의 나라를 상속받지 못하게 될 것이라고 경고했다(갈 5:19).

종합하면 '음행'으로 번역된 신약성경의 헬라어 '포르네이아'는 '음행'이라는 말로 해석되며, 미혼자의 합법적이고 정당하지 않은 고의적인 성관계이다. 그러므로 미혼 남녀의 합법적이지 않은 성교 행위는 '포르네이아'이다. 한 몸의 원리에 위배되는 기혼자의 혼외정사도 그 마음의 관심이 기존 부부관계에서 분리되어 갈라지게 하는 위험 부담을 안게 한다. 이 또한 '포르네이아'이다. 음행은 개인이 그로 인해 그리스도인의 회중에서 추방될 수 있는 범죄이다(고전 5:9~13). "음행을 저지르는 그리스도인은 생식기를 왜곡된 목적으로 사용함으로써 자신의 몸에 대해 죄를 짓는 것"이라 했다.

성경은 분명 '혼전성교'는 죄된 생각과 죄된 행동이며, 거룩성에 위배하므로 죄라고 한다. 모든 죄는 몸 밖에 있지만 음행의 죄는 몸 안에서 짓는 죄이다. 우리 몸은 거룩한 하나님의 성전이다. "누구든지 거룩하신 하나님의 성전을 더럽히면 멸하신다"(고전 3:16~17, 6:18)라고 했다.

스킨십은 어디까지?

성은 남녀가 함께 아름답게 가꾸어 가야 하므로 자신의 몸과 성에 대해 스스로 책임을 가지고 통제할 줄 알아야 할 것이다.

성적충동에 대한 제한점

성경에서 말하는 인간의 성은 인간으로 하여금 줄로 재어준 구역이 있다. 이 말은 넘지 말아야 하는 선이 있다는 말이다. 남녀 모두는 결혼까지 인내하여 최후의 선인 남녀의 성기나 여성의 가슴은 남겨 두어야 한다. 미혼 남녀의 '최대의 혼수는 순결'이라는 말을 되새겨 장차 배우자의 선물로 남겨 두어야 한다.

그렇다면 미혼 청년들의 '결혼 전 스킨십은 어디까지일까?'라는 의

문이 생길 것이다. 크리스찬 커플플래너 사이트에는 "결혼 전 이성 교제에서 스킨십은 어디까지예요?", "혼전 관계는 죄인가요?"라고 하는 질문이 많이 올라오고 있다. 성경에는 입맞춤은 안 되고 손잡은 것은 괜찮다는 말은 없다. 결혼 전 스킨십, 이 부분에 대해 조지 맥도웰은 상대방에게 성욕을 일으키지 않은 정도가 적합하다고 하였지만,[102] 이보다는 김종환의 '성적인 친밀단계' 원리가 더 적합한 기준이 된다.[103]

a. 눈에서 몸으로: 상대방의 외모와 인성들의 범주에서 호감을 갖는다.

b. 손에서 손으로: 첫 번째 신체접촉으로 애정을 표시한다. 거절하지 않으면 호감의 표현으로 관심을 갖는 증거이다.

c. 손에서 어깨로: 애정이 깃든 표현으로 우정 이상의 표현이다.

d. 손에서 허리로: 마음을 주고받는 아주 친밀한 사이이다.

e. 얼굴에서 얼굴로: 서로의 눈을 응시하며, 포옹, 키스 등의 친밀한 형태로 발전하는 서로 사랑하는 관계이다.

위 단계의 스킨십은 구혼과정(결혼을 약속한 사이)이라면 가능하겠다. 하지만 데이트 과정에 있는 남녀 사이에서는 가능하지 않다. 이는 이성교제 원리에서 말한 바 있다. '데이트'는 자신의 인격도야와 배우자 선택의 과정에 지나지 않기 때문에 가벼운 스킨십조차도 하지 않는다.

---

102) 박수웅, op.cit., p.137.
103) 김종환, op.cit., p.52.

아래 단계의 스킨십은 분명히 육체적이고 개인적인 것으로, '구혼 과정(결혼예정)'에 있는 커플일지라도 결혼할 때까지 남겨 두어야 할 것이다.

   a. 손에서 가슴으로
   b. 입에서 가슴으로
   c. 허리 아래로
   d. 깊은 육체관계

성욕의 해소 – 자위행위

자위라는 뜻의 마스터베이션(masturbation)은 라틴어에서 손을 의미하는 마누스(amnus)라는 말과 모독을 의미하는 스투프룸(stuprum)이라는 말의 합성어인 마누스투프룸(manustprum)에서 유래했다. 어원상으로 보면 자위는 손으로 성기를 모독하는 것이므로 분명히 좋은 행위가 아니라는 뜻에서 수음이라고 일컬어지기도 한다. 자위행위는 신학적인 견해에 따라 죄가 된다는 입장과 죄가 아니라는 입장이 있다. 죄가 된다는 견해는 하나님은 부부가 함께 참여하는 성관계를 허락하셨지 그 외의 어떤 성행위도 하나님 앞에서 부끄러운 일이라고 말한다. 또 자위행위를 하는 동기가 음욕으로부터 생겨난 것이며 자위행위 과정에서 필연적으로 음욕이 수반될 수 있다고 보기 때문에 죄라고 말한다.

반면에 죄가 아니라고 하는 주장은 자위행위는 마치 물이 고이면 낮은 곳으로 흐르고자 하는 것처럼 자연스러운 욕구라고 생각하는 것이다. 즉 자위행위의 근본 원인이 되는 성적충동은 건강한 젊은이라면 누구나 경험하는 측면이라고 주장한다. 그래서 성적충동을 해소하기 위해선 정액이 차면 자연스럽게 분출할 수 있도록 자위행위를 인정해야 한다는 주장이다. 대다수 가정사역자와 상담자, 생리학자, 의학계 종사자들이 이 주장에 동의하여 자위행위는 사람들에게 일상적인 경험이며 정상적인 생활의 일부로서 받아들여져야 한다고 주장한다. 자위행위를 인정하는 입장에서 볼 때 자위행위는 성교가 어려운 경우 감정적으로 건전한 성적 활로를 열어 준다는 가치를 인정받을 수 있다는 것이다. 그들은 경솔하게 가당치도 않은 도덕적 부담을 사람들에게 지어 주어서는 안 된다고 말한다.

성(性)의 궁극적인 목적 – 생명탄생, 사랑(즐거움)

a. 생명탄생

인간은 성을 통해 즐거움을 나누지만, 성의 가장 중요한 기능은 '생명 탄생'에 있다는 사실을 잊지 말아야 한다. 또한 인간은 결혼이란 제도를 통해 고귀한 생명체를 탄생시켜야 하는 책임을 부여받았다. 창세기에 보면 세상은 6일 동안에 창조됐다. 이렇게 우리 인간이 살아갈 수 있는 최적의 자연환경을 완벽하게 만드시고, 인간에게 사명을 부여하셨다.

"자녀를 많이 낳고, 번성하여, 땅을 채워라."(창 1:28, 『쉬운 성경』)

이 말씀은 우리 인간을 향한 축복의 말씀이자 현재진행형의 계명이다. 인간이 결혼해서 자녀를 많이 낳아 땅을 채우는 작업은 창조주 하나님의 창조사역(새 생명 탄생)을 돕는 가장 선한 일이다. 창세기의 창조과정을 보면 하나님은 넷째 날부터 여섯째 날까지 채우시는 작업을 하신다. 우주에는 해와 달과 별, 수중에는 각종 물고기, 하늘에는 온갖 종류의 새, 땅에는 온갖 종류의 채소와 짐승들 그리고 사람을 채우셨다. 그러고 나서 이 땅의 인간을 향해 "자녀를 많이 낳고, 번성하여, 땅을 채워라"라고 하셨다.

그런데 오늘날 부부들 중에는 자녀도 낳지 않으면서 큰 평수 아파트만 선호하는 경우가 있다. 그리고 그곳에 값비싼 호화용품과 화려한 제품을 채워 넣는다. 그러나 그것은 '남이 보기에 좋았더라'일 뿐 "창조주 하나님이 보시기에 좋았더라"가 아니다. 어찌 보면 그것은 자기만족일 것이다. 신혼 초기에는 작은 집에서 아이를 낳고, 아이가 크면 집이 좁으니 조금씩 넓혀가는 것이 좋다.

오늘날 젊은 부부들이 아기를 낳아 채우려 하지 않으면서 우리나라의 저출산 문제가 심각한 상태에 이르렀다. 현재 우리나라는 세계 저출산 국가로 분류됐다. 저출산 문제는 노동력 약화로 이어져 생산력 감소를 초래하는 동시에 소비시장의 위축을 가져온다. 또한 젊은 인구가 줄어드는 가운데 노인인구가 증가하면서 사회적·경제적 부담을 가중시켜 국제적 경쟁력이 상실된다. 이는 결과적으로 국가적 대재앙을 초래한다. 그러나 이를 해결할 방법은 간단하다. 창세기의 창조원리대로 행해서 낳으면 된다. 또한 아이를 많이 낳은 가정에 대해 국가가 적극적으로 지원해주는 것이 필요하다.

b. 사랑(즐거움)

성은 우리에게 정신적, 육체적으로 욕구를 채우고 즐거움을 얻기 위함이다. 이렇게 성의 즐거움으로 얻는 연합을 누리기 위해서는 먼저 서로가 섬기는 자세가 있어야 한다. 고린도전서 7장 2~5절에서 교훈하고 있는 '성'의 원리는 "철저하게 섬기는 것"이다. 내가 누리는 것, 내가 원하면 하는 것, 그런 것이 아니라 오직 '배우자를 위해 섬기는 것'이다. 이것이 성생활(性生活)이다.

성은 언제나 스스로는 채울 수 없는 상호의존적인 것이므로, '그대가 원한다면 언제든지'라는 마음의 자세가 필요하다. 어드 히트(Ad Hit)는 성생활에 무관심한 부부들에게 "배우자 서로가 아무런 육제적인 친밀감이 존재하지 않는다면, 부부 두 사람의 모든 감정적이고 영적인 친밀감 역시 사라지게 될 것"이라고 경고하고 있다.[104] 이렇게 섬겨야 할 성을 오직 쾌락의 도구(자기감정의 욕구만 채우려고 하는 성 관계 탐닉, 돈을 지불하고 음식을 사먹은 형태의 성관계)로만 이용하려 든다면 이는 동물적 욕구 충족일 뿐이다.

행복한 성생활을 위한 제언

우리는 내면에 있는 '어린이 마음(childish mind)'을 표출하여 즐길 필요가 있다. 건강하고 즐거운 성은 마음속에 자리 잡은 '내적 어른'과 '내적 부모'를 쉬게 하고 '내적 어린이' 측면이 감각적으로 신나게

---

104) Tim LaHaye · Beverly LaHaye, 김인화 역, 『결혼 행전(the Act of marriage)』(서울: 요단, 2005), p.55.

뛰어 놀도록 하는 것이다.

하이트·마일즈(Hite Mailge)는 『결혼 안에서 맛보는 성적 행복(Sexual Happiness in Marriage)』이라는 책에서 다음과 같이 말하고 있다. "대인 관계에서 겸손과 중용이 미덕이지만, 부부관계에 있어 성행위만큼은 이러한 미덕이 불편을 주기 때문에 전혀 필요가 없다. 다시 말해, 성관계 시에는 겸손이나 체면 따위는 던져 버리고 어떻게 하면 가장 즐길 수 있는지 그것에 골몰해야 하며, 또 상대방에게 어떻게 해 달라는 요구를 스스럼없이 할 수 있어야 한다." 그러나 한 가지 주의할 점은 성관계는 남편과 아내 모두가 원할 때에만 이루어져야 한다는 것이다. 두 사람 중 어느 한 사람이라도 원하지 않을 때는 그것을 강요할 수 없다. 사랑은 강요한다고 되는 것이 아니기 때문이다.

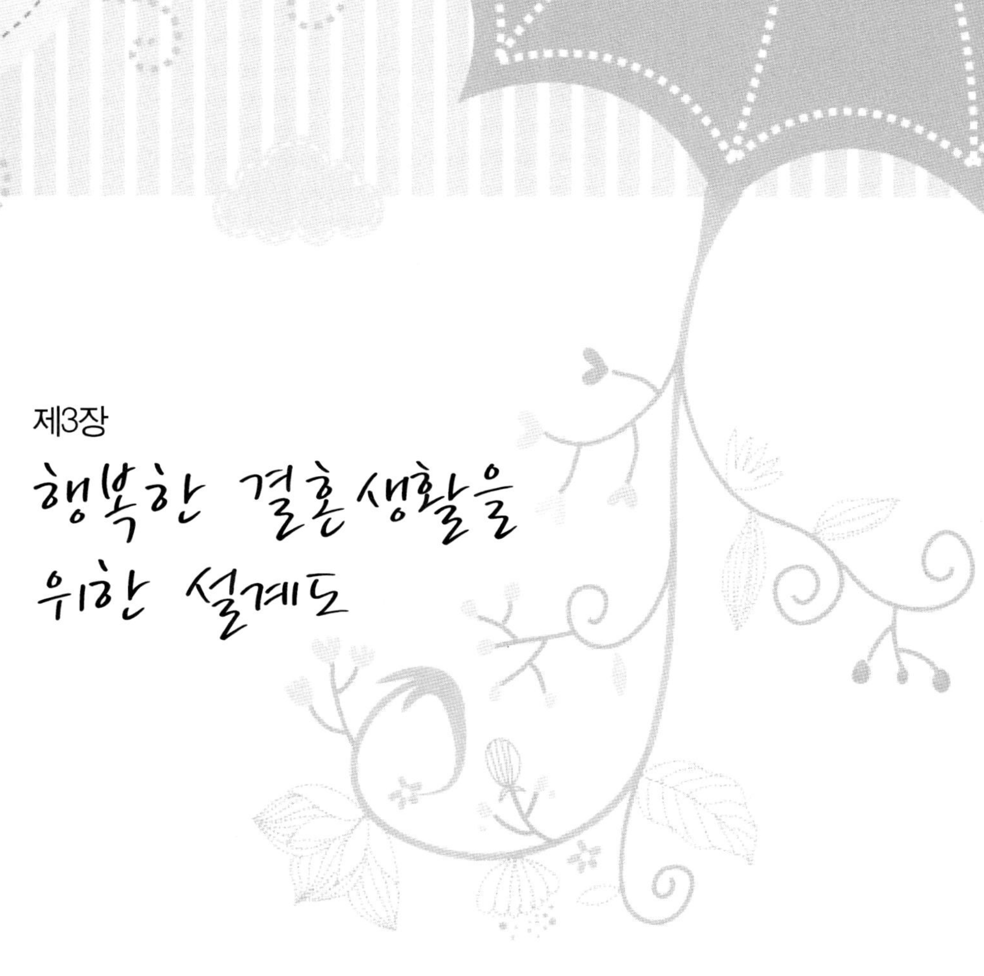

제3장

행복한 결혼생활을 위한 설계도

스터디 가이드① _ 결혼생활에서 오는 갈등 & 치유

스터디 가이드② _ 건강한 가정 & 좋은 부모 되기

결혼생활에서 오는 갈등 & 치유

서로의 차이(差異)로 인한 갈등과 치유

서로의 차이로 인한 갈등

부부 사역자인 존 그레이(John Gray)는 그의 저서 『화성에서 온 남자 금성에서 온 여자』에서 부부간의 차이에 대해 "남녀는 의사를 전달하는 방법이 서로 다를 뿐 아니라, 생각하고 느끼고 지각하고 행동하고 사랑하고 필요로 하는 것에 이르기까지 모든 것을 달리한다. 어떤 때에는 언어도 다르고 환경도 다른 행성에서 온 것처럼 느껴진다"라고 했다. 존 그레이는 부부 세미나에 참석한 25,000여 명을 조사한 결과 90% 이상이 이러한 차이에 동의했다고 했다.[105]

이처럼 정도의 차이야 있겠으나 약간의 문제를 가지고 있다는 것

---

[105] John Gray, 김경숙 역, 『화성에서 온 남자 금성에서 온 여자(Man are from mars, Women are from venus)』(서울: 동녘 라이프 2006), p.12.

은 지극히 정상적이라는 증거일 수도 있는데, 이 약간의 차이로 인해
이혼하는 부부도 적지 않다. 한 연구 보고서에 따르면 서로의 차이로
인해 이혼하는 경우가 70%를 넘는다.[106] 1977년 가정법률 상담소의
통계조사에서도 부부의 72.6%가 서로 간의 차이와 외도에 인한 갈등
을 겪고 있다고 한다.[107]

TV 아침프로에서 부부갈등 '해결사'로 활약해 온 신경정신과 전문
의 김병후 박사는 "오늘날 이혼의 아픔을 겪고 있는 많은 분들이 어
찌 보면 알콩달콩 잘 살 수 있는데도, 갈등의 차이로 인해 헤어지는
어설픈 이혼의 경우가 더 많다"라고 했다.[108] 그의 진단에 의하면 부
부가 서로 상대방을 이해하기보다는 내 입장에서 생각하고 상대방을
몰아붙이면서 갈등이 고조됐다고 했다. 헤어지는 것은 상대와의 차이
를 이해하고 인정하고 배려하는 능력이 부족하고, 그 갈등을 조절하
는 능력이 부족해서 생기는 것이라고 한다.

이러한 갈등은 성장 배경의 차이에서 발생한다. 즉 유아기, 청년기
를 통해 개인의 생활양식이나 습관이 생기고 사회경제적인 배경과
일상생활의 태도 등이 굳어져, 상대방에 대한 이해가 어려워지기 때
문이다.

위에서 살펴본 바와 같이 인간의 의지로는 서로 간에 차이를 완벽
하게 바꾸기는 어렵다. 그럼에도 불구하고 많은 부부들은 본인이 원
하는 대로 상대를 변화시키려고 질책과 비난을 통해 상대를 조정하
려 하는데, 이는 결국 서로 간의 관계를 더욱 악화시킬 뿐이다. 그보

---

106) 송정아, op.cit., p.32.

107) Ibid., p.186.

108) 정신과 전문의 김병후 박사가 KBS TV에서 상담한 1천여 쌍의 사례와 부부 클리닉에서 상담한 4백 50쌍
을 분석하여 내린 결과이다.

다는 내가 먼저 상대를 사랑하고 이해하며 존중한다는 성서적 교훈을 실천할 때 부부는 원만한 관계를 유지할 수 있다.

갈등 극복하기

a. 차이로 인한 갈등이해

본디 결혼생활에서 부부간의 차이로 인한 갈등과 충돌은 누구에게나 생길 수밖에 없다. 그러므로 두 사람이 서로 다를 수밖에 없다는 사실을 인식하지 못한다면 남자와 여자는 충돌한다.[109] 남편과 아내는 각기 다른 가치관, 다른 생활관습, 다른 가정환경 등에서 자랐기 때문에 필연적으로 갈등을 일으키게 된다. 다툼의 발단은 과거 자신의 경험에 비추어 자기주장을 내세우는 데에 있다. 여기서부터 부부의 문제(marital conflict)가 드러난다. 성격이 안 맞는다느니, 괴팍하다느니, 나를 전혀 이해하지 못한다느니 하면서 관계를 정리해 버리는 것이다. 이는 '서로의 차이＝나쁜 것'으로 인식하는 데서 비롯된다. 같은 사물을 보고도 각각 다르게 해석하는 이유는 각자의 경험과 욕구가 다르기 때문이다.

이러한 차이를 두고 드와이트 스몰(Dwight Small)은 그것은 두 마리의 고슴도치가 함께 자는 것과 같다고 말한다.[110] 서로의 차이의 갈등을 두 사람이 서로 물러나면 갈등은 쉽게 해소될 수 있지만 그것은 성숙한 해결방법이 아니다. 갈등을 해결하지 않고 둔다면 둘 사이는 더욱더 멀어진다. 이 갈등을 어떻게 해결하느냐에 따라 결혼생활의

---

109) John Gray, op.cit., p.25.
110) Charles M. Sell, op.cit., p.134.

행복과 불행이 좌우된다.

b. 차이의 극복 방안

조화로운 결혼생활을 이루기 위한 핵심적인 원리는 서로는 상대가 '나와 다르다고 해서 틀린 것이 아니다'라는 것과 '나와 다른 것은 나쁜 것이 아니다'라는 사실을 인정해야 한다.[111] 두 사람 모두 자신의 성격과 생각과 행동에 정당한 권리가 있기 때문이다. 결혼과 이혼에 대해 연구한 존 고트만(John Gottman)과 하워드 마크맨(Howard Markman)은 "어떤 부부가 결혼생활을 성공적으로 해낼 것이냐 여부는 두 사람이 차이의 갈등을 어떤 식으로 처리하느냐를 보면 알 수 있다"[112]라고 했다.

결혼생활에 있어서 차이로 인한 갈등은 둘이 한 몸이 되는 과정의 일부이며, 이러한 차이를 해결하는 지혜는 건전한 결혼생활을 유지시키는 열쇠이다. 부부갈등을 겪지 않는 비법이 있다. 그것은 결혼하지 않는 것이다. 이 말은 갈등 없는 부부는 이 세상에 전혀 없다는 말이다. 그러므로 갈등을 두려워하지 말라. 성숙한 부부와 그렇지 못한 부부의 차이는 갈등 유무에 있지 않고 해결방법의 차이에 있다. 차이로 인한 갈등을 해결하는 데에 있어 남녀의 생각이 어떻게 다른지 살펴보자.

---

111) 송길원,_op.cit., p.29.

112) Ben Young · Sam Adams, 오현미 역, 『데이트 10계명(The 10 Commandments of Dating)』(서울: 도서출판 진흥, 2000), p.179.

c. 남녀의 차이는 어떻게 다른가? [113]

남자	여자
과업 지향적(승패가 중요), 일 중심	사람 지향적(화목이 중요), 인간관계 중심
목표 지향적(업적, 결과가 중요)	과정 지향적(의견을 나누는 것이 중요)
직관적 · 지적	주관적 · 감정적
정의 중심의 도덕 판단 이론 (자율성, 권리, 공평성, 원리, 기준)	관계성 중심의 도덕적 성향 (돌봄, 상호의존성, 애착)
사랑은 휴식시간	사랑은 연극 그 자체
감정표현이 서툴고, 억제하며 방어적이다.	감정표현을 잘하고, 기복이 심하다(우울증)

d. 차이로 인한 갈등 해결을 위해 꼭 지켜야 할 사항 4가지

성숙한 사람은 먼저 사과할 줄 안다. 배우자가 사과할 때까지 기다리지 말라. 부부 사이는 자존심을 내세우는 관계가 아니다. 첫째, 현재의 갈등을 과거와 연계시키지 말라. 둘째, 자신과 다르더라도 인신공격은 피하라. 셋째, 갈등이 심할 때에는 침묵하라. 넷째, 생각할 수 있는 시간을 갖는 것도 지혜이다.

미숙한 의사소통(意思疏通)으로 인한 갈등과 치유

미숙한 의사소통으로 인한 갈등

'가족은 말을 안 해도 통한다'는 이야기는 신화에 불과하다. 상대의 말을 가로막거나 끝내라 재촉하고 혹은 무시하는 등의 의사소통상의 불협화음은 부부관계에 치명적이다.[114] 의사소통 기술이나 대

---

113) 김종환, op.cit., pp.29 – 31.

화 부족으로 생긴 작은 문제들이 이혼의 원인이 되고 결국은 가족이 해체되는 경우가 갈수록 늘어간다.

대화가 막혔을 때 부부간의 장벽은 계속해서 쌓여 가고 이러한 상태로 오랜 세월을 지내면 결국 돌이킬 수 없는 치명적인 결과를 낳게 된다. 부부갈등의 86%는 바로 이러한 의사소통의 문제에서 파생된다고 한다.[115] 아무리 분노가 치솟더라도 해야 할 말과 하지 말아야 할 말을 가려가면서 지혜롭게 처신해야 한다. "뭐, 내가 틀린 말 했어?"라고 하지만, 프랑스 속담에 "진실만큼 마음에 거슬리는 것은 없다"라고 했다. 진실 여부와 상관없이 상대방은 아픈 곳을 찔리면 분노한다.

'정직하고 솔직하게 말하라.' 이 말도 물론 옳다. 하지만 수년 동안 결혼생활을 해온 부부라면 "모든 것을 솔직하게 털어놓는 것이 행복한 결혼생활을 보장한다는 것은 미신이다"라는 제프리 레어슨(Jeffrey Ryerson)의 말에 동의할 수 있을 것이다.

갈등을 겪고 있는 부부들은 대화 기술에 문제가 있는 경우가 많다. 이들은 대화하는 기술을 훈련받지 못해 대화를 할 때 주로 유 메시지(You-Message)[116]를 사용하는 것이다.[117] 유 메시지는 상대방의 행동에 대해 비난하고, 판단하고, 질책하는 방법으로, 자신의 화난 감정에 대한 책임을 상대방에게 전가시킨다. 이러한 말들은 위협적이고 명령적이며, 책망하고 조롱하여 판단하는 해석적인 말이라, 상대방의 감

---

114) 김은경 · 안빈 · 안현숙, 『성공적인 직장생활을 위한 인간관계』(서울: 학문사, 2001), p.107.

115) 이민규, 『끌리는 사람은 1%가 다르다』(서울: 더난 출판, 2005), p.189.

116) 두 사람 간에 갈등이 있을 때 상대방의 과오를 지적하는 방식의 대화법은 You-Message로 '너 - 전달법' 또는 '너 - 메시지'라 한다. 이것은 상대방을 비판하는 뉘앙스를 풍기기 때문에 비효율적이다. 자기의 의사를 표현할 때 상대방을 비판하지 않고 다만 자신의 느낌과 요구사항을 담담하게 표현하는 것이 I-Message, 즉 '나 - 전달법'이다.

117) 심수명, 『평신도 상담자 훈련을 위한 집단 상담』(서울: 도서출판 한림, 2000), p.202.

정을 상하게 하고 마음을 아프게 한다. 이러한 유 메시지는 사람을 변화시키지 못할뿐더러 상처가 되어 좋은 부부관계를 깨뜨리게 하여 부부관계를 악화시킨다. 성숙한 부부관계를 유지하는 관건은 대화 기술에 있다. 의사소통 기술은 선천적인 것이라기보다 교육을 통해 배우고 훈련하는 것이다.

성숙한 의사소통으로 극복

a. 대화 표현 기법에서는 I-Message를 사용하자.

아이 메시지(I-Message)를 사용하기 위해서는 3가지 요소가 필요하다. 문제를 유발하는 상대방의 행동이 무엇이며, 그 행동이 나에게 어떤 영향을 미치고 있는지, 그 결과 어떤 느낌을 가지고 있는지 정확하게 파악해야 한다.

> I-Message: "나는 당신이 우리 친정에 조금 더 신경을 써주었으면 좋겠어요."
> You-Message: "당신은 우리 집에는 관심도 없어요. 왜 당신 집에는 그렇게 자주 가면서 우리 집에는 전화도 못하죠?"

이처럼 아이 메시지는 상대방을 질책하기보다는 자신에 대한 이해를 구하는 자기 개방형이다. 상대방의 행동에 대한 나의 해석, 감정적 경험을 말하는 것이다. 이러한 말들은 자기의 마음을 표현하는 선한 말이므로 상대의 양심에 문을 두드린다. 이는 마음과 마음이 통하는 좋은 관계가 유지되어서 좋은 사람을 만들어주고 사람을 변화시킨다. 결혼생활에서 부부는 상대방을 질책하기 위한 유 메시지가 아니라 '내 생각은 이렇다'는 식으로 말하는 아이 메시지로 대화하는 훈련이 중요하다.

b. 부부 의사소통(意思疏通) 설계

부부가 대화를 하는 이유가 있다. 의사소통은 성공적인 결혼생활의 열쇠이다. 부부관계에서 어려운 일에 부딪힐 때 대화를 해나가는 능력에 따라 행복과 불행이 결정되기 때문이다. 부부의 하나 됨을 위해 대화는 꼭 필요한 의사소통 수단이다. 그러나 좋은 대화를 하기 위해서는 기술이 필요하다. 조금만 훈련해도 훨씬 나은 의사소통을 할 수 있게 된다. 자신의 감정을 상대방과 함께 나눌 수 있기 때문에 상대방의 이해를 구할 수 있으며 자신이 더욱 성장할 수 있고 대화하면서 자신의 정체성을 분명히 알게 되어 발전할 수 있다. 또한 상대방의 이야기를 들음으로써 많은 문제들을 해결해 나갈 수 있다. 갈등이나 부정적 감정들은 묵히거나 쌓이지 않게 대화로써 해소하여야 한다.

c. 신체언어를 해독할 수 있어야 한다.

대화를 잘 하고 상대방이 말하는 참뜻을 알고 싶다면 말하는 것 그 이상을 들어야 한다. 말뿐 아니라 그의 시선과 몸짓, 어조까지도 고려하여 상대방이 진정으로 하고 싶어 하는 말이 무엇인지 들을 수 있어야 한다. 앨버트 메라비언(Albert Mehrabian)의 조사에 의하면 대화 중 단 7%만이 언어를 통해서 전달된다고 한다.[118] 38%는 목소리의 높낮이를 통해 55%는 표정과 몸짓, 자세 등 시각적 요소를 통해 전달된다. 따라서 의사소통은 말이 아니라 비언어적인 형태, 즉 말이 아닌

---

118) 심수명, op.cit., p.202.

신체언어를 통해 전달된다. 따라서 신체언어를 통한 의사소통은 그만큼 중요하므로 신체언어를 볼 수 있어야 한다.

부부의 진정한 의사소통 위한 이해가 필요하다. 남자는 대화를 하면서 결론을 찾지만 여자는 대화 자체에 의미를 둔다. 여자는 말을 하면서 긴장을 해소하고 스트레스도 풀게 된다. 남자는 백 마디 말을 한 마디로 줄여 하는 반면 여자는 한 마디 말을 백 마디로 늘려서 하는 경향이 있다. 이러한 대화의 방식을 이해하면 부부의 진정한 의사소통은 시작될 수 있다.

부정적인 자아상(自我像)으로 인한 갈등과 치유

부정적인 자아상으로 인한 갈등

인간은 나이를 먹으면 어린아이에서 어른으로 성숙하는데, 세월의 나이를 먹어도 심리적인 나이를 먹지 못하는 경우가 있다. 이들은 마음속에 여전히 어린아이가 존재하여 감정이나 행동을 완전히 어린아이처럼 한다. 이를 가리켜 '성인아이'라 한다. 성인아이는 자아상의 문제를 안고 있어 결혼생활에서 '한 몸'을 이루지 못하는 심각한 상황이 발생할 수 있다. 성인아이는 결혼생활에서 아래와 같은 문제를 유발하여 상대방에게 상처를 준다.

이들은 매사 열등감에 사로잡혀 있고, 지나치게 꼼꼼하고 완벽하며 고집이 세다. 그리고 특히 분노가 심하다. 분노의 괴물이 내면에 숨어 있다가 이따금씩 튀어나와 사람들을 괴롭힌다. 이러한 분노는 평

상시에는 수면 아래 잠재되어 있다가 자신이 기대했던 일이 좌절되거
나 불의한 일을 당하면 튀어나온다. 사소한 일에도 분노를 폭발하고
시간이 지나면 죄책감에 빠져 호의를 베푸는 과정을 계속 반복한다.

이는 보통 성장과정에서 부모의 잦은 싸움과 이혼, 차별대우와 인
격적 무시, 부모의 엄격한 통제와 과잉보호 등을 겪으면서 생긴 이상
성격으로 인한 것이다. 부정적인 자아상의 그 실례를 살펴보기로 하
자. 부정적인 자아상을 가진 남편은 아내와 아이들이 어떤 결정을 요
구해도 "몰라, 당신이 알아서 해" 또는 "엄마에게 물어봐"라고 말하
는 전형적인 마마보이의 모습을 보인다. 부정적인 자아상을 가진 아
내는 자기 능력과 재능에 대해 현실적인 이해가 부족하다. 또한 진정
한 사랑을 사랑으로 받아들이지 못하여 그 사랑에 두려움을 가짐으
로써 늘 위축된 생활을 한다.

건전한 자아상(自我像)으로 회복

자아상은 우리가 자신에 대해 가지는 지각, 관념, 태도 등의 개념
의 집합으로서 모든 사람이 마음속에 가지는 자기 모습이다. 자아상
은 자신의 가치, 능력, 중요성에 대해서 내리는 자기 평가를 포함한
다. 이것은 성장과정에서 중요한 타인에 의해 형성되며 주로 타인이
나를 어떻게 보는가 하는 지각에서 생긴다. 이와 같은 자아상은 결혼
에 큰 영향을 미친다.

건전한 자아상의 3요소
노만 라이트(Noman Wright)는 자아상을 소속감(벧전 29:10), 가치감

(고전 1:9), 자신감(빌 2:13, 4:13)이라 하였으며, 이러한 자아상은 하나님을 신뢰하는 데서 성숙해진다고 했다. 모리스 와그너(Maurice Wagner)는 "소속감, 가치감, 자신감은 자아개념의 정신적 구조로서 자아 개념을 받쳐주고 안정시켜주는 삼발이의 세 다리와 같다. 이 세 다리 중 어느 하나라도 약해지기 시작하면 자아개념은 흔들리게 된다"라고 했다.[119]

소속감은 누구로부터 사랑받고 있다는 느낌으로 누군가 나를 위하여 받아들이고 돌보고 즐기고 사랑하고 있음을 인식하는 것으로 이러한 감각은 출생 이전의 부모의 태도로부터 기인한다. 어린 시절에 중요한 타인(부모, 형제, 교사 등)으로부터 차별받고 배척받은 경험을 하며 자란 사람들은 대부분 성장하여 소속감을 느끼기가 힘들다. 가치감은 '나는 중요하다', '나는 가치 있다', '나는 남과는 다르다', '나에게는 남들에게 줄 수 있는 무언가가 있다'라는 내적인 믿음과 느낌이다.

자신감은 '나는 이 일을 할 수 있다', '나는 이 상황에서 대처할 능력이 있다'고 생각하는 자신에 대한 느낌과 인식이다.

자아상 회복을 위하여 해야 할 일[120]

a. 자기이해

자기를 정확하게 이해한다는 것은 자기의 심신에 관한 여러 가지 상태, 대인관계의 질과 양, 가치관, 이와 관련된 자기의 행동 등에 관

---

119) 이연걸, 『말씀목회』(서울: 쿰란 출판사, 2001), p.114.
120) 김종환, op.cit., p.306.

하여 현실적으로 이해하는 것을 말한다. 인간은 지나치게 객관적인 지식위주로 교육을 받아왔기 때문에 타인에 대한 부분에는 상당한 지식을 가지고 있지만 자신에 대해서는 학습할 기회를 거의 갖지 못하기 때문에 막상 자신에 대해서는 아는 것이 무엇인가? 할 때는 망설이게 된다. 따라서 스스로 나의 가치관, 나의 삶의 목적, 나의 장단점 등에 대해 고민해 볼 필요가 있다.

b. 자기 수용

로저스(Rogers)는 자기수용을 개인의 변화와 자기 성장의 시발점으로 보았으며, 매슬로(Maslow)도 자기수용을 자기실현을 성취한 사람들의 주된 특징 가운데 하나임을 강조한다. 대부분의 사람들은 자기의 단점을 확인하고 자아비판을 하는 데는 능숙하나 자기 자신의 자원과 가능성을 발견하는 데는 매우 서툴다. 그 결과 우리는 있는 그대로의 자기를 수용하기가 어렵게 된다.

자기수용은 자신의 신체적인 조건이나 생리적 환경을 있는 그대로 경험하고 받아들이는 것을 말한다. 예를 들어 생김새, 키, 시력, 젊고 늙음 등이 그것이다. 그리고 자신의 생각과 느낌, 행동 등 여러 가지 심리적 현상을 자기의 것으로 인정하고 책임을 지는 것이다. 두려움과 불안, 분노를 느끼고 있을 때 자기자신이 지금 그와 같은 감정을 느끼고 있다는 것을 솔직히 인정하고 받아들이는 태도 말이다. 마지막으로 자신의 처지를 현실로 인정함으로써 현실을 무시하거나 거부 혹은 도피하지 않는 태도와 남에게 책임을 전가하지 않고 용감하게 직면하는 용기가 필요하다.

c. 자기개방(Self-Disclosure)

'열 길 물속은 알아도 한 길 사람 속은 모른다'는 속담이 있듯이 인간의 마음이란 스스로 보여 주기 전에는 알 길이 없다. 자기개방은 자기의 모습을 다른 사람들에게 보이는 것이다. "이것이 바로 나 자신이요", "이것이 바로 내 현재의 느낌이고 생각이요", "이것은 나의 신념이요" 하고 남에게 자신을 열어 보이는 것이다. 이처럼 자신의 마음과 사상 등 사적인 생활에 대해서도 필요할 때는 솔직히 공개하고, 상대방에게 가까이 다가가 마음을 열고 상대방으로 하여금 내 자신을 그대로 보게 하는 것이 좋다. 자기자신을 이해하고 수용할 수 있을 때 비로소 남을 이해하고 수용할 수 있게 될 것이다.

d. 피드백(Feedback)

피드백은 자아 개방과 함께 자아상의 회복을 위해서 중요하다. 피드백은 상대방에게 그가 다른 사람들에게 어떻게 비쳐졌는지에 대해 솔직하게 알려주고 지적해주는 것이다. 이러한 피드백을 통해서 궁극적으로 자신이 잘 모를 수 있는 모습을 객관적으로 알려주게 된다. 피드백을 주는 사람은 다음과 같은 몇 가지 점에서 유의해야 한다.

첫째, 평가적인 용어는 피하는 것이 좋다. 서술적으로 표현하여야 한다.

둘째, 객관적인 증거를 근거로 이루어져야 한다. 주관적인 심증만으로 피드백을 주는 것은 가능한 피하는 것이 좋다.

셋째, 행동변화를 강요해서는 안 된다. 행동변화의 주체는 상대방이다. 따라서 책임도 그에게 있음을 분명히 해야 한다.

넷째, 가급적이면 처음에는 긍정적인 것부터 시작하는 것이 좋다.

다섯째, 주관적인 판단은 피하는 것이 좋다. 그러나 입증할 만한 근거가 있을 때는 그 근거를 가지고 판단할 수도 있다. 이 경우 그 판단을 절대시해서는 안 된다.

여섯째, 단지 가능성을 이야기할 따름이고 최종적인 판단은 상대방에게 넘겨야 한다.

고부관계(姑婦關係)의 문제로 인한 갈등과 치유

고부관계의 갈등

고부간의 성격마찰, 시어머니의 아들에 대한 과잉 관심으로 인해 고부간의 시기와 질투가 생겨난다. 시어머니의 강압적 자세와 아들에 대한 과잉보호 행동, 개인적인 사고와 행동, 최근 결혼 풍조에 따른 혼수 문제 등이 고부간의 갈등으로 나타나는 것이다. 김영희는 고부갈등의 문제에 대해 다음과 같이 말하고 있다.

첫째, 시집식구와의 갈등은 시부모의 권위의식에 의해 자녀가 부모에게 복종해야 하는 가치관이 그대로 전달되고 있다.

둘째, 남편은 이러한 시부모와의 갈등의 원인을 모두 아내에게 넘기고, 중재자로서의 역할을 하기보다는 남편의 친가를 우선 보호하므로 아내를 희생양으로 만들고 있다.

셋째, 지금도 남편들은 아내에게 전통적인 여성역할을 강조하고 있다.

이러한 의미에서 보면 고부갈등이라는 것은 단순히 시어머니와 며느리 간의 갈등 차원이 아니라 남성중심 가족제도의 불평등한 체계에서 비롯되는 역기능 현상이라고 할 것이다. 이러한 사회구조에서 시어머니가 아들에게 전적으로 의지하며 살다 보니 결혼 후에도 자녀를 떠나보내지 못하고 가끔은 아들에게 남편의 역할까지 기대하게 됨으로써 그 사이에 있는 며느리가 고통을 받게 된다. 남편이 부모를 떠나지 못하고 부모가 자녀를 제대로 떠나보내지 못하고 '정신적인 탯줄'을 달고 다닐 때 고부간의 갈등은 필연적인 것이다.

보웬(Bowen)의 삼각관계 이론이 이를 잘 입증하고 있다. 자아분화(分化, 나누어져 달라짐)가 낮은 부모는 미분화에서 오는 밀착관계를 갖게 된다. 미분화에서 오는 불안을 삼각관계를 통해 회피하는 것이다. 삼각관계에서 볼 수 있는 공통적인 현상은 어머니가 특정 자녀와 공생적 관계를 형성하여 미분화의 산물인 자기 문제를 투사[121]하는 것이다. 이러한 고부갈등은 근본적으로 비정상적인 부부관계에서 시작되었으나, 시어머니가 근본 원인을 외면하고 자식을 통해 문제를 해결하려는 데서 발생한다. 다음은 위에서 설명한 보웬의 삼각관계 구조의 예시이다.

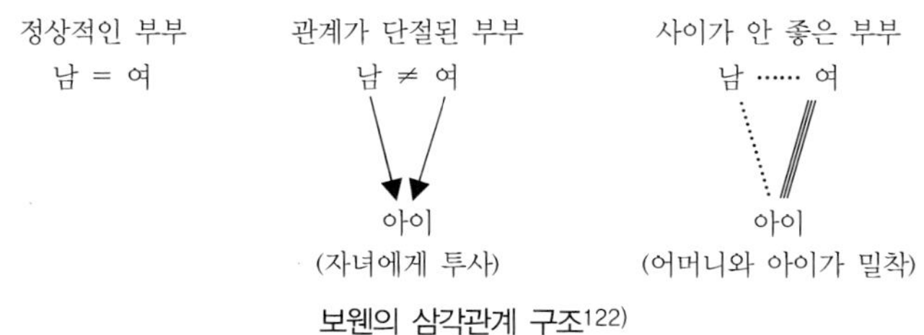

보웬의 삼각관계 구조[122]

---

121) 자기가 인정할 수 없거나 만족할 수 없는 자질·욕구·감정 따위를 다른 사람에게 돌려 정당화하는 심리.
122) Ibid., p.238.

전통가족에서의 고부갈등

밀착된 모자관계—남아선호 사상으로 인해 아들을 낳은 후 시가에서의 존재가 확인된 여성은 아들에 대한 맹목적인 애정을 가지게 되며 유교적 관습상 부자관계보다 부부관계가 열등하므로 아들과 정서적 밀착을 하게 된다. 이때 시집온 며느리는 적대감으로 인해 투사의 대상이 된다. 성경에는 결혼이란 의미가 떠남이라는 원리를 전제하고 있다. 가부장적 사회구조 속에서 여성은 자연스럽게 떠날 수 있었다. 가족관계에 있어서 고부갈등은 이 떠남이 전제되지 않은 결혼에서 시발되고 있다.

현대가족에서의 고부갈등

남녀평등 및 개인주의적 가치를 기반에 둔 젊은 세대는 핵가족 의식과 여성의 교육수준 향상, 취업의 증가로 전통가족의 윤리의식이 퇴색되고 고부관계의 양상도 변하게 됐다. 며느리가 수동적으로 시어머니 아래서 시집살이를 하던 과거와는 달리 오히려 시어머니가 며느리 눈치를 살피는 양상이 생기면서 고부갈등은 과거보다 더 첨예화되고 있다. 그 근본 원인은 다음과 같다.

a. 역할구조

전통적 사고방식의 시어머니가 자신의 생활양식이나 방법을 가지고 며느리의 생활양식에 간섭하면서 갈등이 시작된다. 그러나 현대적인 교육을 받은 신세대 여성들은 과학적이고 합리적인 사고방식을 가지고 있어 시부모의 부양이나 가사 수행보다는 아내나 부모의 역할에 더 비중을 두게 되므로 불일치가 일어난다. 갈등이 생긴 고부간에 피할 수 없는 역할변화에서 오는 갈등을 현명하게 조정하고 타협하기 위해서는 양자의 양보와 이해하는 과정이 있어야 한다.

b. 세대차이

젊은 시절 심한 시집살이를 하고 남편의 사랑을 받지 못했거나 자식이 하나인 시어머니의 경우 애정구조상 고부갈등을 더 강하게 느낀다. 며느리는 핵가족을 지향하고 부부중심적 애정결합을 이상적으로 여기므로 시어머니와 감정이 상반되어 충돌이 있게 된다.

고부갈등 해소를 위한 어드바이스

고부간의 갈등은 사회가 변해 첨단 IT시대를 맞은 지금도 여전하다. 민주혁명을 통한 평등권의 주장으로 전통적인 제도와 가치관이 변혁을 맞이하고 민주사회를 사는 우리는 여전히 평등을 외치고 있다. 이러한 변화는 가정에도 큰 영향을 미치고 있다. 고부간에도 과거의 상하체계에서 일방적으로 요구하고 통제하는 식의 관계를 유지하면 갈등을 해소하기 힘들다.

고부갈등을 해소하는 일은 우선 시어머니와 특정 자녀와의 공생적 관계를 해체하는 데서 시작해야 한다. 어머니도 아들을 떠나보내야 하고 아들도 어머니를 떠나야 한다. 또한 며느리이자 딸인 여성도 친정어머니를 떠나야 한다. 인격 대 인격으로 만나져야 한다. 모자관계를 떠나 부부관계로 전환해야 한다.

여기 떠남은 전적으로 시어머니에게 달려 있다. 그러나 그것은 어려운 일이다. 과거의 시어머니들을 아들과 밀착하므로 시어머니에게 받았던 시집살이의 한을 투사해 풀었지만, 지금의 시어머니들은 아들과 밀착관계를 해체하고 떠나보내야 한다는 것이 억울함으로 남는다. 그렇다고 아들의 삶을 담보로 비생산적인 삶을 선택하면 고부간의 갈등은 계속된다. 시어머니들은 아들을 떠나보내야 하는 일에 온전히 순종할 때 고부갈등의 실마리를 찾을 수 있다. 이는 며느리의 입장에서 요구가 아니라 며느리, 시어머니의 관계를 떠나서 하나님으로부터 각자에게 부여되는 것이기 때문이다. 자녀는 부모의 몸을 거쳐 오지만 부모의 소유가 아니라 창조주 하나님께로부터 오는 귀중한 인격체인 생명이며, 시어머니 자신이 세상 누구의 소유가 아니라 독특한 인격체이듯 내 몸을 거쳐 온 자녀 또한 하나님의 형상을 지닌 인격체이다.

a. 시부모에 대한 이해

대부분의 시부모들은 가족 생활주기에서 중년 후기나 노년기에 있다. 인생의 가을이라고 하는 시기를 맞은 시어머니는 자녀를 떠나보내면서 심한 공허감을 느끼고 건강마저 위협받는 시기이다.[123] 전반적인 심리적 적응 문제는 노년기의 역할상실과 빠른 사회의 변화로 인한 것이다. 더구나 자녀 세대보다 교육수준이 현저하게 낮아 소외감을 느낀다. 시부모 특히 시어머니가 갖게 되는 신체적, 심리적인 변화, 역할상실의 변화 등에 대해 명확히 이해하고 있어야 한다.

---

123) Ibid., p.107.

b. 고부갈등의 해소방안[124]

첫째, 시부모님과 함께 살 경우 주거 형태를 바꾼다. 즉 위층과 아래층으로 주거와 공간을 달리하거나 같은 동네로 이사를 한다. 둘째, 시가와 친가의 등거리 원칙이 있다. 시어머니는 결코 친정어머니가 될 수 없다. 셋째, 며느리의 긍정적 사고와 남편의 중재자적 역할이 필요하다. 넷째, 상호존중의 태도가 필요하다. 특히 자식은 시어머니의 입장을 우선적으로 고려한다. 다섯째, 세대 차이를 인정하고 타협하고 조정하는 지혜를 습득한다.

가정의 위계질서 파괴로 인한 갈등과 치유

가정의 위계질서가 무너질 때 오는 부부갈등

최근에 결혼 날짜를 한 달 남겨두고 파혼의 아픔을 겪은 자매(여성)가 상담을 요청한 적이 있다. 그 자매가 이런저런 대화 중에 파혼의 원인이 자신한테 있는 것 같다고 했다.

그 여성은 훤칠한 키와 빼어난 미모에 서울 상위권 대학을 졸업한 후 전문직에 종사하는 재원이었다. 학력과 외모와 경제적인 능력까지 두루 갖추고 있다 보니, 상대 남성을 가볍게 보고 함부로 대했다는 것이다. 그가 하는 말을 이해하거나 존중해 주지 않고 그냥 실력으로 이겨 버리려 했던 것이다. 이를테면 "당신 서울 4년제 대학 나왔니?

---

124) Ibid., p.109.

나는 더 좋은 대학 나왔어, 당신 연봉 얼마지? 나도 그만큼 벌어! 그러니 우리는 동등해!"라고 생각한 것이다. 그 여성은 자기주장이 너무 강하여 남자를 가르치려 했던 것이다. 아마 남성보다 더 좋은 대학을 졸업했고 경제적 능력까지 갖추고 있으니 그랬을 것이다. 이러한 생각을 가진 여성과 한동안 커플로 지내던 남성이 이래서는 안 되겠다 싶었는지 결국 파혼을 선언했던 것이다.

이는 이들 커플만의 문제가 아닐 것이다. 오늘날 여성들이 학력이 높고 사회적 지위와 경제적 능력까지 갖추다 보니 서로는 매사에 동등하다는 생각들을 많이 하는 것 같다. 이 경우 보다 최악의 여성은 남편이 월급이 적으면 "쥐꼬리만 한 월급 받으면서 뭐가 잘났다고 큰소리야!"라고 한다. 이처럼 자녀들 앞에서 아버지의 권위를 무너뜨리는 발언도 서슴지 않는다. 이러면 남편 역시 폭력과 폭언으로 응수한다.

오늘날 우리 사회는 여성평등 운동을 강하게 주장하다 보니, 남편의 존재를 세워주고 가장의 위치를 존중해주는 대신 남자를 지배하려는 경향이 있다. 이러한 생각은 가정의 위계질서를 무너뜨리는 것으로 부부간 갈등이나 이혼의 원인이 될 수 있다.

가정의 위계질서 회복을 위한 어드바이스

어느 조직이든 질서가 필요하듯이 분명 가정에도 위계질서가 필요하다. 이것이 바로 여성이 결코 뺏을 수 없는 남편의 권위와 직책이다. 성경은 이 부분에 대해 분명하게 말하고 있다.

"아내들은 주님께 순종하듯이 남편의 권위에 순종하십시오."(엡

5:22, 『쉬운 성경』)

이 말씀에서 '남편의 권위에 대한 순종'이라는 단어에 주목해보자. 여기서 '남편의 권위'는 가정에서 절대적 위계질서이다. 하나님은 세상 만물을 만드시고 위계질서를 세우셨다. 나라에는 정부의 위계질서가 있고, 교회에는 영적인 위계질서가 있으며 직장에는 사장에 대한 위계질서가 있다. 직장에서 봉급을 주는 사장에게 그 권위를 인정해 주지 않으면 해고될 수 있다.

가정에도 이러한 위계질서가 있는데 이 질서가 무너질 땐 그 가정에는 평화는 깨진다. 이 위계질서는 남녀 간의 수직적인 상하관계가 아니지만, 수평적인 리더로서 남성을 전면에 세우는 것이다. 이 질서를 여성들은 인정하고 순종해야 한다고 성경은 말하고 있다.

하나님께서 인간을 만드실 때 여성(아내)도 '존엄성과 가치'에 있어서 평등하게 만드셨다. 하지만 '기능'상의 질서에서는 남성(남편)의 순위가 더 먼저이게 하셨다. 그래서 아내는 '남편의 권위'에 순종하라는 것이다. 가정에서 이 위계질서가 깨지면 그 가정에는 평화와 행복이 존재할 수 없다. 이 위계질서가 있기 때문에 여성이 모든 면에서 능력이 뛰어나더라도 남편을 무시하지 말고 먼저 세워 주어야 하는 것이다. 비록 남편이 학력이 낮고 연봉이 낮더라도 남편을 뒷전으로 밀려나게 하는 것이 아니라 남편을 앞에 세우고 그 이름이 드러나게 하는 것이다.

이 위계질서에는 '영향력과 지위'라는 두 가지 큰 힘이 있다. 그런데 보편적으로 많은 사람들은 '영향력'보다 '지위'의 힘에 더 관심을 가진다. 그렇게 되면 그곳에는 불화만 불거질 뿐 평화와 행복이 없어진다. 이를테면 어떤 조직체에서 지도자가 중요한 결정을 내릴 때 곁에서 보필해주는 참모의 영향력은 지대하다. 대통령 비서실장은 대통령을 잘 보좌해서 옳은 판단을 할 수 있도록 영향력을 미친다. 그런데 대통령의 비서실장이 대통령의 지위를 꿰차려고 한다면 당장 쫓겨나게 된다.

바보온달의 이름을 널리 알리려 했던 평강공주의 영향력은 대단한 것이다. 이처럼 아내는 남편의 '지위'를 그대로 인정하고 대신 '영향력'을 미치는 지혜로운 여성이 되어야 한다. 우리가 아주 잘 아는 유명한 격언이 있다. '세계는 남성이 지배하고 그 남성은 여성이 지배한다'는 말이다. 그렇다. 아내가 힘으로는 남편을 도저히 못 이긴다. 언젠가 텔레비전에서 행복에 대한 세미나를 시청한 적이 있는데 그 강사가 참 재미있는 표현을 사용했다. "남자는 돼지와 같이 다루어야 한다. 돼지는 힘으로 밀어붙이면 넘어지지 않는다. 대신 등을 살살 긁어주면 아주 말을 잘 듣는다." 듣자마자 박장대소하였지만 그냥 웃고 넘길 수만은 없는 말이다. 그렇다. 어찌 보면 남자는 여성처럼 복잡하지 않고 참 단순하다. 이처럼 단순한 남편을 다루지 못하는 것은 여성이 남편을 다루는 테크닉의 부족하기 때문이다. 가정의 위계질서의 원리와 남성의 심리를 모르고 매번 남편을 힘으로 밀어붙이고 가르치고 이기려 하니 허구한 날 싸움만 하는 것이다. 그러니 사는 것이 지옥이란 말이 나올 수밖에 없다. 그러다 보니 "이 남자는 형편없는 사람, 나하고 도저히 안 맞는 사람" 하고 이혼해 버린다. 그러면 마음이 후련하고 그 지긋지긋한 세상이 끝나고 진정한 평화가 올 것이라 믿는가? 아니, 전혀 그렇지 않다.

『끌리는 사람은 1%가 다르다』에는 이혼 상담을 하러 온 40대 실직 가장의 이야기가 나온다. 그는 "아내의 다른 것은 다 용서할 수 있는데 이것만은 용서가 안 되더라"라고 했다. 아내가 자식을 야단칠 때 "야, 너 아빠처럼 되지 않으려면 공부 좀 열심히 해, 어쩌면 하는 짓마다 너희 아빠를 빼닮았니?"라며 자존심을 상하게 하고 무시하더란 것이다.

남편의 자존심을 그토록 상하게 했던 이 여성이 자신의 원대로 이혼했다고 치자. 그러면 지긋지긋한 남편과 헤어졌으니 이제 속 편하게 살 수 있을까? 새로운 세상이 찾아올 거라 기대하지만 전혀 그렇지 않다. 전남편과의 결혼생활에서 위계질서를 극복하지 못하고 이혼하고 나니까, 이번에는 몸통은 작지만 남편과 비슷한 괴물이 불쑥 튀어나와 또다시 자신을 괴롭히게 된다. 이게 누구일까? 그렇다. 자식이다. 이번에는 자식이 불쑥 튀어나와 엄마의 가슴을 후벼 파고, 속을 뒤집어놓으며 눈물까지 쏙 빼놓는다.

예전에 아내가 남편의 권위를 인정하지 않은 것처럼 이번에는 자식이 엄마의 권위를 인정하지 않는다. 가정에서 권위질서를 배우거나 경험하지 못한 채 자란 자식이 엄마의 말을 거역하거나 패역하는 것은 당연하다. 패역이란 말은 '대드는 것'이다. 자식이 말을 듣지 않는 것도 속상한데 엄마한테 대든다고 생각해보자. 정말로 기가 막힐 노릇이다.

이보다 더 큰 문제가 있다. 집안에서 권위에 대한 훈련을 받지 못해 부모의 말을 듣지 않으려고 하는 자식은 학교에서나 사회에서도 윗사람의 권위에 순종하지 않고, 어느 누구의 말도 듣지 않으려고 한다. 이것은 사회생활에서 원만한 인간관계를 형성하지 못하게 한다. 그래도 신앙이 있으면 좀 낫겠지만 믿음이 없으면 정말로 방자하기

그지없을 것이다. 부부의 권위가 깨어지고 나니까 또다시 이러한 문제들이 생겨나게 된다.

성경을 접해 보지 못한 우리 조상들도 부부질서에 대해 성경적인 세계관이 있다. 사자성어에 '부창부수'라는 말이 있다. "남편의 주장에 아내가 따름으로 인하여 가정의 화합을 이룬다"라는 것이다. 이제 부부문제의 답은 분명하다. 가정의 위계질서를 지키는 것이 바로 가정의 평화와 행복을 지키고 자녀를 잘 키우는 것이다.

스터디 가이드_②
건강한 가정 & 좋은 부모 되기

가정이란?

가정은 부부가 결혼하여 자식과 함께 공동생활을 하는 조직체이며 작은 사회이며, 혈연관계로 연합된 공동의 거주, 생식을 특성으로 하는 기초집단이며 최소단위의 사회이다.[125] 우리 인간의 사회성(社會性)이 바로 이러한 가정을 바탕으로 이루어지며, 그 가정의 문화적 특성이 인간의 인격형성에 중요한 영향을 미친다.

가정의 기능

가정은 가족들과 의식주를 같이하는 가운데 따뜻한 애정을 느끼고, 사회생활의 기초가 되는 생활양식을 배우며, 인격을 완성해간다. 가

---

125) 유영규, 『가족관계학』(서울: 교문사,1980), p.13.

정에서 부모의 영향과 형제자매와의 관계를 통하여 여러 가지 예절과 규칙을 배움으로써 최소한의 사람 된 도리를 가정에서 익히게 되어 있다. 가족과 함께 의식주를 함께하면서 무엇이 옳고 그른 것인지, 또는 선(善)과 악(惡)이 무엇인지 처음으로 배우게 되며, 건전한 가치관과 신앙관과 그리고 올바른 습관을 가지게 된다. 그리고 가족구성원 간의 생활 속에서 이웃에 대한 사랑과 봉사, 그리고 타인과 협동하는 정신을 배우고 그 속에서 책임과 의무를 깨달으며, 성숙한 인간으로서의 자세가 무엇인지를 알게 된다. 이처럼 가정은 사회의 구성원으로 필요한 대부분의 기초적인 지식과 태도를 배우는 곳이다.

건강한 가정이란

가정은 인간이 태어나 처음 살아가는 곳이다. 이처럼 인간생활에서 큰 비중을 차지하고 있는 가정이 무엇보다 건강해야 한다. 여기서 말한 건강한 가정이란 단순히 병이 있고 없고, 허약하고 안 하고를 뜻하는 것이 아니다. 육체적, 정신적, 사회적으로 성숙한 상태에 있는 것을 말한다. 즉 몸과 정신의 능력에 이상이 없고, 사회생활에 잘 적응하여 조화를 이루어나가는 것을 의미한다.[126] 가족구성원끼리 서로 사랑하고 아끼는 마음이 있어 실수와 허물을 감싸 줄 수 있다면 그것으로 충분하다. 힘들고 어려울 때 곁에 있어 위로가 되고 어려움을 함께 이겨낼 수 있다면 더욱 바람직하다. 그래서 건강한 가정에서는 늘 가족 간의 따뜻한 사랑이 배어 나온다.[127]

---

126) 국정도서 편찬위원회, 『중학교 도덕1』(서울: 지학사, 2001), p.162.

127) Ibid., p.164.

건강한 사회와 국가도 여기서부터 시작된다. 사회의 최소단위인 가정의 뿌리가 튼튼하면 사회와 국가도 건강하다. 따라서 한 가정의 건강 문제는 가정뿐 아니라 사회와 국가의 문제이기도 하다.

건강한 가정을 이루려면 먼저 가족 간에 서로 이해하고 배려해야 한다. 가정의 건강은 사회적 지위와 같은 것에 의해서가 아니라, 가족 모두의 노력에 의해서 이루어지는 것이다. 서로는 가정의 소중함을 깊이 인지하고 자신들에게 주어진 역할과 책임을 다해야 한다. 한 가정이 건강하게 유지해 나가는 것은 쉬운 일이 아니다. 건강한 가정을 위해서는 서로 사랑하고 서로가 꾸준히 노력해야 할 것이다.

좋은 아버지 되기

오늘날 한국 사회에서는 좋은 남편과 좋은 아버지는 그저 돈 많이 벌어다 주는 사람으로 알고 있다. 그래서 아버지는 오직 돈 버는 일에만 몰두하여 가정과 자녀 교육은 뒷전으로 밀려나 있다. 그러나 '아버지'의 중요성을 성경적인 세계관으로 견주어 보면 우리 대한민국 사회의 아버지의 역할이 얼마나 잘못되었는지 알 수 있다.

'아버지'의 사명과 역할에는 네 가지가 있다. 공급자(Supplier), 보호자(Protector), 인도자(Guider), 교육하는 자 혹은 훈계하는 자(Instructor)이다. 이 말은 성경적으로 가정에서 아버지는 자녀에게 네 가지 의무를 다해야 할 의무가 있다는 뜻이다.[128]

---

[128] 한용수, 『IQ는 아버지 EQ는 어머니 몫이다』(서울: 도서출판 쉐마, 1996), p.52.

즉 아버지가 자녀에게 행하는 네 가지 사역이란, 첫째 자녀에게 일용할 양식을 공급해주는 것이다. 그러니까 가정의 생계를 책임질 수 있어야 한다는 것이다. 유대인들은 남자가 결혼해서 아버지가 되려면, 포도원(밭)으로 가서 포도를 심고, 그 소출을 거두어 곡간에 쌓으라고 했다. 그런 다음 집을 건축하고 아내를 맞으라고 했다. 이 순서는 바뀌면 안 된다고 했다. 오늘날로 말하면 열심히 노력해서 직장을 구하여 저축을 하고, 거처를 마련한 다음 아내를 맞으라는 것이다. 그렇다. 결혼이란 것이 일곱 색깔 무지개로 수놓은 환상만이 아니므로, 로미오와 줄리엣 같은 사랑만은 고집할 수 없다.

둘째, 아버지는 자녀를 외부의 위험으로부터 보호해주어야 한다. 한 가정에서 아버지의 상징은 힘과 용기와 정의와 질서이다. 그래서 아버지는 세상의 거친 세파로부터 가정을 보호하는 것이다. 세상의 험한 폭풍우가 불어올 때는 바람막이가 되어 주어야 하고, 한낮에 찌는 듯한 태양으로부터는 그늘막이 되어 주어야 한다. 외부 침입으로부터는 든든한 울타리가 되어 가족을 지켜야 한다. 그러나 오늘날 우리 주변에는 정작 있어야 할 때는 사라졌다가(가정을 버림), 훗날에 '내가 네 아버지'라고 나타나는 아버지들이 있으니 참 안타까운 일이다.

셋째, 아버지는 자녀를 푸른 초장으로 인도해주어야 한다. 아버지는 자녀를 낳아 놓고 '너 인생은 네가 알아서 해! 난 몰라' 하는 식으로 방치해두면 안 된다. 또한 무한 자율에 맡겨도 안 된다. 자녀는 이 땅에 태어난 목적이 있다. 창조주 하나님이 자녀를 이 땅에 태어나게 하신 목적이 있으므로 그 인생길로 인도해야 한다. 아버지이자 인생의 선배로서 가장 옳고 선하고 바른 길을 인도해야 한다. 설령 자녀가 어찌어찌하여 세상사에 지쳐 넘어졌을 때에도, 그 꺾인 무릎을 세워주는 분은 아버지이다. 그런데도 아버지가 허구한 날 술에 절어 곤드레만드레 곤죽이 되어 밤늦게 집으로 온다. 이것은 "애들아, 인생은 이러한 것이야"라는 것을 행동으로 보여 주는 것이다. 그야말로 빵점짜리 아버지이다.

넷째, 아버지는 교육자로서 책임이 있다. 자녀를 하나님의 형상(도덕적인 성품, 신성을 지닌 존재, 창조적인 기능을 지닌 자)을 닮도록 가르치어 이 땅에서 존귀한 가치가 있음을 깨닫게 해야 한다. 그래서 성경적인 세계관에서 볼 때 아버지는 한 가정에서 '제사장'이라는 지위가 있다. 아버지는 사상의 상징으로서 자신의 사상(성경적 세계관)을 심어주어야 한다. 제사장인 아버지는 예배를 인도하고 기도하며 하나님의 말씀으로 가정을 세우고, 자녀를 성경 말씀으로 양육해야 하는 막중한 책임이 있다.

이러한 말씀 교육을 철두철미하게 하는 민족이 유대인(이스라엘 민족)의 아버지이다. 유대인의 아버지는 공부의 목적을 세상의 출세에 두지 않는다. 하나님께서 귀중한 생명을 주셨기 때문에, 생명이 있는 한 쉬지 않고 진리를 발굴하여 인류에 공헌해야 한다는 신념으로 교육한다. 이를 이루기 위해서 열심히 공부하게 하고 피나는 노력도 하게 한다. 이러한 교육 이념이 있기에 유대인은 세계 일등의 국민이 된 것이다. 그것은 객관적인 성적표로도 입증된다. 이스라엘 민족 출신 중에는 세계적으로 우수한 석학(아인슈타인, 프로이트 등)과 비범한 예술가, 엄청난 부호들이 많다.

20세기를 빛낸 가장 위대한 지성인 21명 중 15명이 유대계 사람이다[129]. 하버드, 예일, 프린스턴 등 미국 명문대학 교수 중 30%가 유대인이며, 하버드, 예일, 스탠퍼드 대학의 의대와 법대 교수 중 50% 이상이 유대인이다. 할리우드의 걸출한 영화감독과 스타들도 대부분 유대인이다. 또한 미국 톱 40위권 내 부호들 중 절반이 유대인이다. 이렇듯이 유대(이스라엘) 민족은 세계적으로 두각을 나타내는 민족이다. 이 민족을 이렇게 위대한 민족으로 만들어낸 것은 아버지의 철저한 교육사상이 있었기에 가능한 것이다.

> "하나님의 영을 그에게 충만하게 하여 지혜와 총명과 지식과 여러 가지 재주로 정교한 일을 연구하여……."(출 31:3~4)

좋은 어머니 되기

좋은 어머니는 왜 중요한가?

"여성은 약하나 어머니는 강하다"라는 말이 있다. 왜 그럴까? 어머니에게는 눈에 보이지 않는 신비한 힘이 있기 때문이다. 어머니의 신비한 힘이 얼마나 큰가에 대해서는 나이팅게일의 회고록을 보면 알 수 있다. 나이팅게일은 유럽의 크림전쟁에서 병사들을 치료했는데, 그녀의 회고록에 의하면 죽어갈 때 거의 모든 병사들이 마지막으로 자신의 '어머니'를 찾았다고 했다. 왜 젊은 병사들이 마지막으로 찾는 사람이 아버지나 애인이 아니고 '어머니'였을까? 내가 잘못을 저질렀을 때 세상은 나를 욕하더라도 어머니만은 나를 껴안고 울어 줄 수 있기 때문이다. 이렇게 어머니는 자녀들에게 보이지 않는 무서운 힘

---

129) 차동엽, 『무지개 원리』(서울: 위즈앤 비즈, 2008), p.15.

을 지닌 분이기 때문이다.

한 사람이 기초 인격과 바른 심성을 형성하는 데 결정적 역할을 하는 분이 어머니이다. 아버지는 그저 울타리가 되어 주고 그늘이 되어 줄 정도일 뿐, 아이의 기초 인격의 형성과 심성교육(EQ)에는 어머니의 힘이 크다. 그래서 어머니는 태교부터 유아기 성품이 형성되기까지 양육에 많은 신경을 써야 한다.

미국 스탠퍼드 대학 연구소에서 발표한 내용을 보면 대한민국 어머니들이 귀담아들어야 할 부분이 많다. 오늘날 사회에서 돈을 많이 버는 사람들을 조사했더니, 그들이 본인의 지식이나 정보(학벌)로 벌어들인 돈은 12.5%에 불과했고, 나머지 87%는 모두 그들의 사람 다루는 능력에 의한 것이었다. 즉 어느 분야에서 돈을 많이 벌어 성공하는 사람들의 경우, 그들이 가지고 있는 지식(학력)과 정보의 영향은 12.5%밖에 안 되고, 나머지 87.5%는 그 사람의 인간성과 사회성(협력과 조화)을 이루어 나가는 능력 여하에 달려 있다는 것이다.

장차 아이가 사회에서 돈을 많이 벌고 성공하는 요인은 머리(IQ)가 아니라 가슴(EQ)이라는 것이다. 오늘날 우리 대한민국 사회의 많은 부모들은 머리가 명석하면 좋은 대학에 갈 수 있고, 공부만 잘하면 돈을 많이 벌어 성공할 수 있다고 믿고 있지만, 실은 가슴이 따뜻해서 인간을 소중히 여기는 심성 고운 사람이 성공한다는 것이다.

내 자녀가 가슴이 따뜻한 사람이 되게 하려면 좌뇌활동보다는 우뇌활동을 발달시켜주어야 한다. 좌뇌는 이성적이며 논리적인 지적인 기능을 담당하고, 우뇌는 언어적이고 예술적이며 감정적인 기능을 담당한다. 현재 우리나라 부모의 대부분이 좌뇌활동(지적인 요소, 공부)에 가공하리만큼 막대한 에너지를 쏟고 있다. 분명한 것은 자녀의 행

복한 인생과 성공을 위해서는 우뇌활동(독서, 구제와 봉사활동, 문화
생활)에 관심을 두어야 한다는 것이다.

어머니는 사랑의 상징이다

성경에서 아담의 아내 '하와'라는 단어가 가지고 있는 뜻 중 '생명
을 주는 자'라는 뜻이 있다. 하와가 생명을 잉태하고 낳아 기르기 위
해 하나님은 당신의 마음을 닮은 사랑(모성애)을 주셨다. 그래서 유대
인의 속담에 '하나님은 모든 곳에 있을 수 없으므로 어머니를 만드셨
다'라고 했다. 이 말은 하나님은 각 가정에 인간의 모습으로 나타나
자녀를 키우실 수 없으므로 각 가정마다 어머니를 주셨다는 뜻이다.

하나님의 마음을 닮은 어머니는 모성애(母性愛)가 강하다. 가끔 어
떤 여성이 약자를 긍휼히 여기는 마음으로 앞 못 보는 맹인에게 시집
가거나, 혹은 간호사가 자신이 돌보던 불구된 환자에게 시집가는 이
유가 바로 여기에 있다.

그럼 이러한 모성애는 어디로부터 올까? 여성의 모성애는 자궁에
서 온다. 여성의 자궁은 히브리어 '레헴(רַחֲמִים)'에서 유래되었는데, 사
랑과 정서와 눈물(EQ, compassion)을 뜻한다. 여성은 이러한 자궁을 가
지고 있기 때문에 남성의 귀한 아기씨를 잉태하여 탯줄을 통하여 아
기가 필요한 영양분을 공급할 뿐 아니라 태중의 아기를 10개월 동안
따뜻하게 보살피고 사랑해준다. 그래서 자궁은 여성에게 있어 가장
귀한 신체기관이다. 이 자궁은 창조주 하나님이 여성에게만 주었으므
로 여성은 남성보다 부드럽고 따뜻하며 애정이 많다. 따라서 아기를
임신하고 키우는 여성의 자궁은 귀하고 보배로운 것이다. 이러한 자

궁을 소유한 모든 여성은 강한 모성애를 지니고 있어 인간을 긍휼히 여기고 보살피는 따뜻한 마음이 있다. 여성을 동정심과 눈물의 상징이며, 사랑(애정)의 상징으로 보는 것이 그런 이유이다.

어머니의 사랑을 키우는 것은 아버지의 몫이다

자궁을 가진 여성은 '사랑의 상징'이라고 말했다. 그래서 어머니는 태중에 아이를 임신하고 탄생시키므로 '사랑의 샘'이 있다. 어머니는 '사랑의 샘'이 터져 넘쳐야 한다. 그럼 어떻게 해야 사랑의 샘물이 터지게 할 수 있을까? 먼저 남편이 아내를 사랑해주는 것이다. 어머니는 남성(남편)의 사랑을 받을 때 사랑의 샘이 터진다. 남편의 사랑이 계속되면 될수록 어머니의 사랑의 샘물은 지속적으로 흘러넘친다. 이렇게 흘러넘친 사랑의 샘물은 고스란히 자녀에게 흘러가게 되어 자녀도 행복하게 된다. 따라서 남편이 아내를 사랑하는 것은 자녀 사랑의 첫걸음이 되며 가정의 행복이 된다.

그 다음에 아버지(남편)는 어머니(아내)의 의식주를 해결해주어야 한다. 성경은 행복한 가정을 꾸리기 위해서는 아버지는 어머니에게 먹는 것, 입는 것, 사랑을 꼭 채워 주어야 한다고 했다. 어머니는 아기에게 젖을 먹이고 이유식도 먹이면서, 예쁜 옷도 사 입히고 돌볼 때 행복을 느낀다. 또한 남편이 벌어다 준 돈으로 맛있게 요리해서 가족과 오순도순 함께 먹는 것에 행복을 느낀다. 여성은 아름다워지고 싶은 욕구가 강하다. 그래서 자신을 가꾸는 데 열심인데, 새 옷도 구입하며 파마도 하고 귀고리와 반지도 끼고 싶어 한다. 이러한 의식주 욕구들이 전혀 충족되지 않아 가난하게 살게 되면 대부분의 여성들은 엄청난 스트레스를 받는다. 그래서 몸도 마음도 지치고 위축되어, 본래 자기가 지니고 있던 지혜까지도 줄어들게 된다. 이쯤 되니까 삶에 여유가 없어지게 되고 잔소리가 부쩍 늘어나는 것이다.

그래서 오늘날 남편이 사업에 실패하거나 직장을 잃었을 때 불평불만을 가장 많이 늘어놓는 상대가 아내이고, 결국 그 고통을 참지 못하고 이혼을 요구하게 되는 것이다. 성경은 여성의 그 연약함을 아시고 입는 것, 먹는 것, 사랑받는 것 이 세 가지는 충족해주라고 했다.

좋은 어머니의 자녀교육 – 성장 단계별 자녀교육

영유아기의 어머니 역할

가정에서 어머니와 자녀의 관계는 영유아기가 매우 중요하다. 영유아기에 어머니와 아이의 관계가 어떠했는지는 아이의 인격형성과 사회성에 결정적인 영향을 미친다. 성숙하고 원만한 아이로 성장하기 위해서 어머니는 영유아기에 자녀 곁에서 놀아주고 안아주고 사랑해주어야 한다. 이러한 과정이 없다면 아이는 정서적으로 불안해지고 인격형성에도 성숙함을 이루지 못해 미래의 행복은 기대할 수 없다.

현대 교육의 아버지인 코메니우스(A. Comenius)는 "6세까지의 아동은 훈련을 받을 필요가 있으며 이 역할을 담당하는 사람이 어머니"라고 했다. 또한 0세에서 6세까지의 교육이 잘 되어야 어린 나무가 곧게 자라듯이 인간도 올바르게 성장할 수 있다고 했다. 그래서 코메니우스는 '어머니의 무릎이야말로 가장 좋은 학교'라 하였으며, 이를 곧

'어머니의 무릎 학교'라고 하여 어머니의 중요성을 강조했다. 나무가 되기 위해서는 어린 묘목을 심고, 물을 주고 보호해주어야 하는 것과 마찬가지로 어린이도 먹고, 마시고, 뛰고, 말하고, 손을 잡는 신체적 활동을 배우게 되는데 이보다 더 높은 차원의 신앙, 덕, 지혜, 지식은 어머니에 의해 길러진다고 했다.

자녀의 원만한 인격형성과 사회성을 위해선 자녀양육이 무엇보다 우선해야 한다. 부모의 사회생활이 바빠 친정이나 시댁, 보육시설 등을 옮겨 다니며 키워진 자녀는 정서적으로 불안하게 된다. 세상만사에는 선후가 있고 정한 때가 있다. 가장 중요한 시기에 '어머니의 무릎'이 되어 주지 못하면 어머니로서 책임을 다 하지 못하는 것이며, 이후 더 큰 것을 잃을 수 있다.

유아기의 어머니의 역할

어머니와 아이와의 관계는 2자적 관계이며, 아버지와 아이는 3자적 관계이다. 아이가 영유아기에 어머니와의 2자적 관계에서 관심과 사랑을 받고 성장했다 할지라도 거기에만 머물러 있어서는 안 된다. 어머니의 사랑의 온실에서 양육된 아이는 이 시기 어머니와 2자적 관계를 떠나 아버지가 개입하는 3자적 관계를 형성하는 질서단계로의 이행을 경험해야 한다. 이러한 이행 과정을 통해 아이는 이제 언어와 문화의 사회적 규범이자 아버지의 표상으로 나타나는 질서에 편입됨으로써 타인과 구별되는 자신의 이름(존재)을 갖게 되고, 가족과 사회의 그물망 속에서 일정한 자리를 차지하게 된다.

아이는 아버지와의 3자적 관계에서 최초의 사회화를 경험하게 된다. 가정에서 아이는 어머니로부터 애정과 인내, 용서와 같은 인성교육을 자연스럽게 배우게 된다. 반면 아버지로부터는 용기와 질서, 책임과 정의를 학습하여 사회인으로서 갖추어야 할 지혜를 습득하여 사회화되어 간다. 이러한 과정을 거쳐 아이는 원만한 인격과 성숙한 사회인으로의 소양을 터득하게 된다.

3자적 관계에서 아버지는 적극적으로 가정에 협력해야 한다. 경제적으로 넉넉하게 해준다 하여 좋은 아버지가 아니다. 아무리 외부일이 바빠도 자녀와 함께하는 시간을 가져야 한다. 자녀와 함께하는 놀이문화, 아버지와 함께하는 여행도 있어야 한다.

이와 같은 관계형성 역할은 어머니의 몫이다. 어머니는 지금까지 형성된 자녀와의 끈끈한 관계를 뒤로하고 이제는 아버지의 사랑과 관심을 받을 수 있도록 아이를 아버지에게 보내야 한다. 어머니는 남편과 갈등이 있더라도 자녀 성장의 중요한 이 시기에 남편과의 관계에서 마음의 문을 닫으면 안 된다. 자식 하나만 바라보고 살겠노라고 온갖 열정과 에너지를 자식에게만 쏟는 어머니가 있는데, 이는 어찌 보면 어머니의 헌신적인 사랑 같지만 사실은 자녀 인격에 해가 되는 상한 사랑이다.

아동기의 어머니의 역할

학교는 아동의 성격이나 자아개념의 형성에 중대한 영향을 미친다. 교사의 역할은 어린이에게 큰 영향력을 발휘하여 수업과 지도, 상과 벌에 의한 사회성을 훈련한다. 교사는 아동들의 행동을 바르게 형성하고 발달시키기 위하여 칭찬, 처벌, 인격형성 강화에 중요한 위치에 있다.

자녀가 초등학교에 입학하게 되면 교사의 영향하에 인격형성이 이루어진다. 이 시기 부모는 자녀가 교사의 관심과 사랑 아래 교육받을 수 있도록 교사에게 자녀를 맡겨야 한다. 그러기 위해서 어머니는 교사를 존경하고 신뢰해야 한다. 자녀 앞에서 교사를 욕하거나 폄하하는 태도를 취해서는 안 된다. 설령 교사의 실수가 있더라도 자녀 앞에서는 교사를 책망해서는 안 된다.

2006년 5월 20일, 청주 한 초등학교에서 학생의 편식문제를 지도하려던 여교사가 학부모들 앞에서 무릎을 꿇는 사태가 발생했다. 학부모들이 집과 학교를 찾아와 거칠게 항의했기 때문이다. 이러한 행동은 자식을 위한 사랑이 아니며, 오히려 자녀의 인격형성과 가치관에 부정적인 결과를 초래할 뿐이다.

청소년기의 이해와 어머니의 역할

부모는 자녀가 청소년이 되면 그들의 특성을 헤아릴 수 있는 인지능력을 갖춰야 한다. 청소년기에 이른 아이는 자아의식이 높아져 부모와 기성세대로부터 독립하려는 심리가 발동한다. 이는 청소년 시기에 필연적으로 나타나는 현상이다. 아이는 부모에 대한 종속적이고 의존적인 관계에서 벗어나 자율적인 사고로 행동할 수 있는 독립된 성인으로 성장하려 하는 것이다.

이 같은 심리 때문에 아이는 부모에 대한 정서적인 끈을 느슨히 하고 가정 밖의 사람들과 사회적 관계를 확대해 나간다. 아동기의 수직적이고 위계적인 종적 인간관계에서 벗어나 자유롭게 대등한 수평적 인간관계를 원칙으로 하는 또래 관계가 중요해지는 것이다.

그래서 아동기 때와 같이 행동을 하면서 즐기고자 하는 놀이문화가 아닌 서로의 뜻을 같이하고 자신의 고민을 이해하고 격려해주면서 깊이 사귈 수 있는 친구를 원한다. 또한 다수와의 피상적인 결합보다는 소수의 내면적이고 인격적인 결합을 더 중시한다. 이러한 과정을 거쳐 서로는 우정을 나누며 바르게 성장한다. 이러한 시기에는 가족이나 선생님보다 또래 문화의 영향을 더 많이 받게 된다. 또래집단과 더 많은 시간을 보내고 공감대를 형성해 가기 때문에 그들 나름의 의식, 가치, 규범, 세계관 등을 공유하고 발전시켜 독특한 그들만의 또래 문화를 형성하는 것이다.

따라서 청소년기는 자녀가 가족관계 특히, 어머니의 영향으로부터 벗어나 친구관계에 참여하는 현상이 자연스럽게 늘어나는 시기이다. 어머니는 이러한 기회를 가로막지 말고 협력해주어야 한다. 어머니는 자녀를 대책 없이 껴안으려고만 하지 말고 청소년기를 건전하게 보낼 수 있도록 친구들에게로 떠나보내야 한다. 부모는 자녀가 친구들과 바른 관계를 유지하고 있는지 살펴보고 지도해주면 된다. 그렇지 않고 어머니가 시시콜콜한 것까지도 간섭하고 계속 붙잡아두려 하면 자녀와 부딪히고 갈등을 겪을 수밖에 없다.

청년기의 어머니의 역할

자녀가 청년기에 이르게 되면 결혼하여 가정을 꾸리게 된다. 이제 어머니는 내 자식이 아내(남편) 사랑을 많이 받을 수 있도록 며느리에게 떠나보내야 한다. 경제적, 정서적으로 맺어진 부모의 끈끈한 관계를 끊고 홀로 설 수 있도록 간섭하지 않아야 한다. 그런데 "왜 아침밥을 안 챙겨 먹이느냐"라는 식의 시부모의 간섭은 잘못된 것이다. 이는 전적으로 아들을 떠나보내는 훈련을 하지 않았기 때문이다. 아들을 장가보내고 느끼는 상실감이 크기 때문일 것이다.

어머니로서 자녀를 건강하고 건전한 한 인격체로 키워낸다는 것은 세상을 살면서 가장 힘든 일이 수도 있다. 세대가 바뀌면서 생각도 가치관도 달라지고 있다. 기성세대, 신세대, U세대에 이어 N세대, 우리가 미처 적응하기도 전에 생각과 말이 변화하는 지금 부모의 역할은 과연 어디까지가 될까? 어머니는 예나 지금이나 자녀에게 끊임없이 사랑을 주려고 한다. 하지만 그런 부모의 사랑에도 바른 생각과 바르지 못한 생각이 있다는 걸 인지해야 한다. 자식을 움켜쥐고 놓지 않으려고 발버둥치는 건 매우 위험한 일이다. 그것은 사랑이라기보다는 간섭이 될 수 있기 때문이다.

참고문헌

1. 국내서적

금정달 · 김정진, 『결혼이 늦어지는 12가지 이유』, 서울: 규장, 2001.

김은경 · 안빈 · 안현숙, 『성공적인 직장생활을 위한 인간관계』, 서울: 학문사, 2001.

김종환, 『가정사역 프로그램』, 서울: 서울신학대학교 상담대학원 카운슬링센터, 2000.

기독교대한성결교회, 『교육자 계속 교육교제』, 서울: 기독교대한 성결교회 교육원, 2000.

권병기, 『유대인식 기독교결혼식』, 서울: 한국21세기 예술원 도서출판 쉐키나, 2000.

국정도서 편찬위원회, 『중학교 도덕1』, 서울: 지학사, 2001.

나희수, 『결혼준비교실 워크북』, 서울: 사랑의 교회 상담실, 1999.

남병식, 『바이블 문화코드』, 서울: 생명의 말씀사, 2006.

대한가족계획협회 편, 『성교육 성상담 교본』, 서울: 대한가족계획협회, 1999.

대한가족계획협회 편, 『사랑 · 결혼 그리고 아름다운 삶을 위하여』, 서울: 대한가족계획협회, 1992.

문병헌, 『상생의 철학』, 서울: 동녘, 2001.

박수웅, 『우리… 사랑할까요?』, 서울: 두란노, 2004.

박종신, 『순결 그 아름다운 성(sex)이야기』, 서울: 도서출판 진흥, 1997.

박종혜, 『가정행복학교』, 서울: 가정행복학교, 2004.

박 필, 『문제가 있는 곳에 해답도 있다』, 서울: 생명의 글, 2000.

배경환, 『아름다운 신혼을 위하여』, 서울: 도서출판 남희, 1996.

송길원, 『가정을 깨우다』, 서울: 도서출판 기가연, 2000.

송정아, 『결혼이 주는 의미』, 서울: 생명의 말씀사, 1991.

심수명, 『집단 상담』, 서울: 도서출판 한림, 2000.

심수명, 『한국적 이마고 부부치료』, 서울: 도서출판 다세움, 2006.

안빈·안혜선·김효영, 『아름다운 결혼으로의 초대』, 서울: 삼성북스, 2002.

안빈·안혜선·김장연, 『결혼에의 초대』, 서울: 도서출판 삼성실업, 2001.

양창국, 『가정사역 자료집1』, 서울 합동개혁신학연구원 목양교회 가정사역자료집, 2002.

유영규, 『가족관계학』, 서울: 교문사, 1980.

유효순·이원영, 『부모교육』, 서울: 한국방송통신대학교 출판부, 2003.

이민규, 『끌리는 사람은 1%가 다르다』, 서울: 더난 출판, 2005.

이연걸, 『말씀목회』, 서울: 쿰란출판사, 2001.

이윤재, 『광야의 영성』, 서울: 쿰란출판사, 2002.

이춘배, 『행복한 부부 만족한 성생활』, 서울: 오성출판사, 1995.

이홍찬, 『개혁주의 목회상담학』, 파주: 한국학술정보(주), 2007.

정동섭, 『2일이면 더 행복한 결혼』, 서울: 이레서원, 2006.

추부길·김정희, 『가정사역 워크북』, 서울: 크리스천 치유 목회연구원, 1997.

추부길, 『가정과 성』, 서울: 한국가정사역연구소, 2000.

최명덕, 『유대인의 이야기』, 서울: 도서출판 두란노, 2001.

현용수, 『IQ는 아버지 EQ는 어머니 몫이다』, 서울: 도서출판, 1996.

홍성묵, 『아름다운 사랑과 성』, 서울: 학지사, 1999.

홍순성, 『하나님이 원하시는 결혼과 가정사역』, 서울: CLS 크리스천리더, 2007.

홍일권, 『준비된 결혼이 아름답다』, 서울: 생명의 말씀사, 1997.

황금 두뇌 편집부, 『여성예절 백과 – 결혼을 앞둔 여성의 지침서』, 서울: 황금두뇌, 2001.

2. 번역서

Adams, Jay E. *Christian Living the Home*, 한준수 역, 『그리스도인의 가정생활』, 서울: 생명의 말씀사, 1998.

Bonhoeffer, Dietrich. *Ethik*, 손규태 역, 『기독교윤리』, 서울: 대한기독교서회, 1994.

Bruce·Carol Britten, *Answers for Your Marriage*, 황을호 역, 『아름다운 부부 생활』, 서울: 생명의 말씀사, 1993.

Calvin, John. *Institutes of the Christian Religion, Vol. Ⅱ*. 김종흠·신복윤·이종성·한철화 공역, 『기독교강요Ⅱ』, 서울: 생명의 말씀사, 1988.

Crabb Jr, Lawrence J. *The Marriage Builder*, 윤종석 역, 『결혼 건축가』, 서울: 두란노, 1992.

Gray, John. *Man are from mars, Women are from venus*, 김경숙, 『화성에서 온 남자 금

성에서 온 여자』, 서울: 동녘 라이프, 2006.

Gray, John. *Mars And Venus In The Bedroom,* 김경숙 역,『화성남자 금성여자의 침실 가꾸기』, 서울: 친구미디어, 1996.

Harris, Joshua. *I Kissed Dating Goodbye,* 이미리 역,『NO 데이팅』, 서울: 두란노, 1998.

LaHaye, Tim · Beverly LaHaye, *the Act of marriage,* 김인화 역,『결혼 행전』, 서울: 요단, 2005.

Meyers, Cecil, *Happiness is Still Home Made,* 권명달 역,『행복한 우리가정』, 서울: 보이스사, 1977.

Sell, Charles M. *Family Ministry,* 양은순 역,『가정사역』, 서울: 생명의 말씀사, 1998.

Surburg, Raymond F. *Introduction to the Intertestamental Period,* 김의원 역,『신구약 중간사』, 서울: 기독교문서선교회, 1999.

Voshell, Dorothy. *Whom shall I marry,* 오현미 역,『그리스도인은 누구와 어떻게 결혼해야 하는가』, 서울: 나침반, 1990.

Williams, John. *Marriage and family life,* 김영배 역,『결혼과 가정생활』, 서울: 생명의 말씀사, 1993.

Young Ben · Sam Adams, *The 10 Commandments of Dating,* 오현미 역,『데이트 10계명』, 서울: 진흥, 2000.

3. 외국 서적

Bruno Bauer, *Greek-English Lexicon of the New Testament,* F. W. 깅리치와 F. 댕커 개정, 1979.

Brooke Foss Westcott, *Saint Paul's Epistle to the Ephesians,* 1906.

Howard. JR. *Clinbell, The Intimate Marriage,* New York: Harper and Row, 1970.

4. 논문

송재명,「성경적 결혼 예비교육」, 석사학위청구논문, 침례신학대학교 목회대학원, 2000.

윤현숙,「결혼 예비부부 교육을 통한 목회적 돌봄에 대한 모델」, 석사학위청구논문, 협성대학교 신학대학원, 2002.

여정,「결혼 예비교육 교재 개발을 위한 연구」, 미간행, 석사학위청구논문, 서울신학대학교 대학원, 2004.

노광희, 「기독교 청년들의 결혼 예비사역에 관한 연구」, 석사학위청구논문, 목
　　　원대학교 신학대학원, 2004.
공광승, 「이혼 예방을 위한 결혼교육프로그램의 실제연구」, 석사학위청구논
　　　문, 장로회신학대학교 대학원, 2004.
김숙자, 「기독교 결혼에 관한 연구」, 석사학위청구논문, 안양대학교 신학대학
　　　원, 2003.
윤현숙, 「결혼 예비부부 교육을 통한 목회적 돌봄에 대한 모델」, 석사학위논
　　　문, 협성신학대학교 신학대학원, 2000.
김혜란, 「인터넷 상담사례에 나타난 청소년의 이성교제의 특성 연구」, 석사학
　　　위 청구논문, 이화여자대학교 교육대학원, 2000.
김호진, 「예비부부의 결혼을 위한 상담」, 석사학위청구논문, 장로회 신학대학
　　　교 목회전문대학원, 2005.
김중양, 「결혼 예비교육을 위한 성경적 결혼관」, 석사학위논문, 침례신학대학
　　　교 신학대학원, 2000.
이상화, 「미혼 독신여성을 위한 교회사역에 관한 연구」, 석사학위논문 서울신
　　　학대학교대학원, 2001.
양명석, 「부부위기 목회상담에 관한 연구」, 석사학위청구논문 논문, 1998.

5. 정기 간행물

하정안, 「데이트에서 결혼까지 그 사랑의 건축술」, 『빛과 소금』, 2004년 5월호.
홍준표, 「이성교제」, 『빛과 소금』, 1986년 7월호.
임원택, 「성」, 『목회와 신학』, 2004년 5월호.
김광률, 「결혼예비 상담 및 교육프로그램의 개관」, 『기독교문화연구』 1997년
　　　12월호.

6. 사전 및 주석

제자원 편집, 『옥스퍼드 원어대전 제1권』, 서울: 성서교제, 2004.
정인찬 편집, 『성서대백과 8권』, 서울: 기독지혜사, 1997.
제자원 편집, 『그랜드 종합주석 제1권』, 서울: 성서교재 간행사, 1991.
로고스 편집부, 『원어분해성경 제1권』, 서울: 로고스 출판, 1996.
엄석호, 『여성백과 제1권』, 서울: 도서출판 양우당, 1999.

7. 신문

이성주, 「이성주의 아담&이브」, 중앙일보, 2007년 9월 14일.
홍혜걸, 「우리 집 주치의, 아동 성범죄」, 중앙일보, 2006년 2월 27일.

8. 기타

권병기, 「'전통유대인의 결혼예식 절차'에 대한 강의안」
김용태, 「'남녀 차이와 부부관계 기독교 관점'에 대한 강의안」
최선희, 「'인간관계'에 대한 강의안」
박준오, 「'이성교제'에 대한 강의안」

9. 인터넷

http://www.ok123.pe.kr
http:/www.nso.go.kr
http://www.yonhapnews.co.kr,
http://blog.naver.com/ssnhy
http://www.weddingsave.co.kr
http://www.refee.com

김효영

서울성경신학대학원(Th. M)
레마성경통독 선교회 대표
백마장중앙교회 서울지교회 목사
여주대학 푸드코디네이션 출강(라이프코디네이션)
하이닉스반도체 산학협동대학 출강(인간관계론)

『맥으로 읽는 이야기 통성경』
『아름다운 결혼으로의 초대』
『기독청년들을 위한 결혼 예비교육』

개인홈페이지(크리스찬 커플플래너) http://www.ok123.pe.kr
wawa00@hitel.net
070－7743－2022

아름다운 결혼을
위한 준비

초 판 인 쇄 | 2011년 3월 30일
초 판 발 행 | 2011년 3월 30일

지 은 이 | 김효영
펴 낸 이 | 채종준
펴 낸 곳 | 한국학술정보㈜
주　　소 | 경기도 파주시 교하읍 문발리 파주출판문화정보산업단지 513-5
전　　화 | 031) 908-3181(대표)
팩　　스 | 031) 908-3189
홈 페 이 지 | http://ebook.kstudy.com
E－mail | 출판사업부 publish@kstudy.com
등　　록 | 제일산-115호(2000. 6. 19)

ISBN　978-89-268-2070-4 03230 (Paper Book)
　　　　978-89-268-2071-1 08230 (e-Book)

이담 Books 는 한국학술정보(주)의 지식실용서 브랜드입니다.